区域农产品冷链物流配送优化研究

RESEARCH ON OPTIMIZATION OF DISTRIBUTION FOR REGIONAL COLD CHAIN LOGISTICS OF AGRICULTURAL PRODUCTS

姚源果 著

中国农业出版社
北 京

图书在版编目（CIP）数据

区域农产品冷链物流配送优化研究 / 姚源果著. —
北京：中国农业出版社，2020.8
ISBN 978-7-109-27134-0

Ⅰ.①区… Ⅱ.①姚… Ⅲ.①农产品—冷冻食品—物资配送—研究 Ⅳ.①F252.8

中国版本图书馆 CIP 数据核字（2020）第 140930 号

中国农业出版社出版
地址：北京市朝阳区麦子店街 18 号楼
邮编：100125
责任编辑：赵 刚
版式设计：王 晨 责任校对：沙凯霖
印刷：北京印刷一厂
版次：2020 年 8 月第 1 版
印次：2020 年 8 月北京第 1 次印刷
发行：新华书店北京发行所
开本：720mm×960mm 1/16
印张：9
字数：150 千字
定价：58.00 元

前　言

FOREWORD

随着居民对生鲜农产品品质与食品安全消费的需求不断提高，中国生鲜农产品的产量和冷链流通率也逐年增加和提升。基于配送在农产品冷链物流运营中的重要性，现有研究认为充分利用资源和信息，合理安排车辆调度、规划路线，在满足时间窗等限制条件下，尽量缩短生鲜农产品流通的在途时间，减少流通过程中的损耗，从而可以降低冷链物流运营成本，对提高生鲜农产品市场竞争力具有重大意义。

在此背景下，本书通过研究影响中国农产品冷链物流发展的社会和环境因素，构建一个能有效降低农产品冷链物流配送成本和提高配送效率的优化模型，从而形成农产品冷链物流配送的一个决策机制。

希望本书的出版能为区域农产品冷链物流配送以及决策提供理论依据和方法模型，为相关部门、研究人员或企业的行政决策、学术探讨、方法实施提供参考。

本书以供应链理论、车辆路径优化理论等为支撑，通过文献分析、问卷调查、统计分析方法，以“分析—模型构建—算法设计—实证分析”为主线，分析大数据在农产品冷链物流配送中的应用、农产品冷链物流发展影响因素，建立农产品冷链物流发展影响模型；通过分析农产品冷链物流配送的干扰管理，针对农产品冷链物流配送路径优化机制展开研究，构建两个优化模型，通过算法分析与选择，在现有计算条件下探寻最优的解。

全书共分为九章。第 1 章绪论，提出选题的背景和研究意义，指出相关的研究内容、研究方法和技术路线。第 2 章研究综述，从冷链物流系统概念与内涵、影响冷链物流发展因素、农产品冷链物流配送模式、冷链物流配送路径优化等四个方面对国内外研究文献作了简要介绍。第3章给出冷链及冷链物流的定义，在农产品冷链物流的定义、特点、模式基础上阐述了区域农产品冷链物流的概念，介绍了相关的基础理论：物流配送理论、车辆路径优化理论、协同理论。第4章在大数据概念和交通大数据获取成本分析基础上介绍了大数据在区域农产品冷链物流中的应用。第5章从微观层面，以从业者视角用因子分析法分析影响区域农产品冷链物流发展的因素，建立区域农产品冷链物流发展的影响因素模型。第6章从干扰管理的定义、农产品冷链物流配送干扰事件的辨析、干扰管理模型的建立、干扰管理算法方面阐述了农产品冷链物流配送干扰管理。第7章建立了一个基于配送过程中交通实时信息的农产品冷链物流配送路径优化模型，利用蚁群算法求解并用实例验证了这个模型的有效性。第8章通过在冷链物流配送过程中合理设置接驳点，然后在考虑时间窗约束、配送车辆和接驳车辆约束、客户需求约束的情形下，以配送总成本最小为目标构建了配送路径优化模型并使用遗传算法设计了模型的求解方法。第9章总结研究结论，并进行了研究展望。

本书的出版得到了“百色学院学科建设与发展”专项经费的资助。

本书的写作参考了国内外大量的论著、论文、研究报告、调研报告等文献材料，在书后以参考文献或文中标注的方式列明，在此对这些文献的作者致谢。由于笔者研究水平有限，尽管已做了很大努力，但本书仍存在一定疏漏，恳请读者批评指正。

2020年5月15日

摘　要

ABSTRACT

为满足居民日益增长的对生鲜农产品品质与食品安全消费的需求，中国生鲜农产品的产量和冷链流通率逐年增加和提高。基于配送在农产品冷链物流运营中的重要性，现有研究认为，充分利用资源和信息，合理安排车辆调度，规划路线，在满足时间窗等限制条件下，尽量缩短生鲜农产品流通的在途时间，减少流通过程中的损耗，从而可以降低冷链物流运营成本，对提高生鲜农产品市场竞争力具有重大意义。

在此背景下，本书研究影响中国农产品冷链物流发展的社会和环境因素，构建一个能有效降低农产品冷链物流配送成本和提高配送效率的优化模型，为区域农产品冷链物流配送提供一个有益的借鉴。

本书以供应链理论、车辆路径优化理论等为支撑，通过文献分析、问卷调查、统计分析方法，以“分析—模型构建—算法设计—实证分析”为主线，分析农产品冷链物流发展影响因素，建立农产品冷链物流发展影响模型；通过分析农产品冷链物流配送的干扰管理，针对农产品冷链物流配送路径优化机制展开研究，构建两个优化模型，通过算法分析与选择，在现有计算条件下探寻最优的解。

本书得出以下结论：

(1) 影响区域农产品冷链物流发展的主要因素有行业技术因素、经济因素、宏观政策因素、基础设施因素、物流管理因素、社会环境因素和物流主体因素。这 7 个因素包含了所有调查指标信息的 74.202%。

(2) 在农产品冷链物流配送实践中，城市道路拥堵状况一般都会实时变化，针对此类极易获取的城市道路拥堵实时信息做出反应的冷链配送车辆路径优化模型能有效减少农产品冷链配送成本。

（3）基于接驳点的冷链物流配送可以有效地降低农产品冷链配送成本，提高配送效率。

在本书的研究过程中，还取得了如下几点创新：

（1）从微观层面，以从业者视角用因子分析法分析影响区域农产品冷链物流发展的因素，建立区域农产品冷链物流发展的影响因素模型。从农产品冷链物流行业相关利益者这一维度来分析中国生鲜农产品冷链物流发展的影响因素，既是对现有研究的有益补充，也能为各级政府和物流行业在制定相关政策时提供参考。

（2）研究通过近乎于零成本方式获取城市交通实时路况，构建了基于实时路况的农产品冷链物流配送路径优化模型。

（3）提出农产品冷链物流配送采用接驳配送方式并建立了基于接驳点的农产品冷链物流配送路径优化模型。基于接驳点的农产品冷链物流配送模式的提出，不仅充实了冷链物流配送理论，由于此模式不需要对现有配送系统基础设施另行改造和增加投资，所以更容易推广实施。采用农产品冷链接驳配送模式，能有效降低农产品冷链物流配送成本、减少能源消耗。

关键词：冷链物流；影响因素；车辆路径优化；接驳点

ABSTRACT

In recent years, as the consumption level of urban residents and their consumption demand for fresh produce have continued to increase, the types, production, and circulation of fresh produce have also increased year by year. When accelerating the development of cold chain logistics of produce, especially in cold chain distribution, to deliver safe and high-quality fresh produce to urban residents, it can not only meet the higher living needs of residents, but also promote rural and agricultural development and guarantee an increasing income for farmers.

This paper is based on the project subsidized by Natural and Scientific Foundation named as "An In-depth Study on the Evolution Mechanism of Agricultural Products Cold Chain Logistics Ecosystem" (71672013). The purpose of this paper is to find out the factors influencing the development of agricultural products cold chain logistics in China, to construct an urban distribution path optimization model for agricultural products cold chain logistics, so as to promote agricultural cold chain logistics development in our country, which has high theoretical significance and important practical value.

This paper mainly draws the following conclusions:

(1) The main factors of industry technology, economy, macro policies, infrastructure, logistics management, social context and logistics subject are affecting the development of agricultural product cold chain logistics.

(2) The cold chain distribution of agricultural products based on real-time road information can effectively reduce the time in transit of cold chain distribution and improve customer satisfaction.

(3) The optimized distribution route based on the connection points can

effectively reduce the costs in cold chain logistics of fresh agricultural products and improve customer satisfaction.

In the research process of this paper, the following innovations have been made:

(1) From the micro level, the factors influencing the development of agricultural products cold chain logistics are analyzed with factor analysis method from the perspective of practitioners, and the influencing factors model of agricultural products cold chain logistics development is established. This dimension from agricultural cold chain logistics industry stakeholders to analyze the influence factors of fresh agricultural products logistics development in our country is not only a useful complement to existing research, but also for the government at all levels and logistics industry to provide the reference when making related policies.

(2) The research obtains the real-time road conditions of urban traffic in a near-zero cost way, and builds an optimization model of agricultural cold chain logistics distribution route based on the real-time road conditions.

(3) It is proposed that the agricultural products cold chain distribution should adopt the connected delivery mode, and the optimization model of agricultural products cold chain logistics distribution path based on the connection point has been established, which not only enriches the theory of cold chain logistics distribution, but also popularize and implement easily because the mode does not need to be modified or increased in the existing distribution system infrastructure. The adoption of agricultural products cold chain connection distribution mode can effectively reduce the cost of agricultural products cold chain logistics and reduce energy consumption.

Keywords: Cold Chain Logistics Influencing Factors
Vehicle Path Optimization Connection Point

目 录

CONTENTS

第 1 章

CHAPTER 1

绪　论

1.1　背景及意义

1.1.1　背景

生鲜农产品是指农民或农产品生产企业收获（采摘或屠宰）、未经深加工的初级农产品，一般包括蔬菜、水果、蛋、奶、肉、水产等（杨阿妮，2012）。随着人们物质生活水平的逐渐提高，对多样化、绿色、营养的果蔬、鲜肉、蛋、牛奶等生鲜农产品的需求也在不断提高，为了将这些天然的农产品最大程度地保鲜并送到消费者手中，需要在合适的低温下对这些农产品进行预冷、运输、仓储和配送。农产品冷链物流一般是指"肉、禽、蛋、奶、水产、蔬菜、水果等生鲜农产品从生产地采摘（屠宰或捕捞）后，使这些生鲜产品在加工、贮藏、运输、销售等环节始终在合适的低温环境进行，尽可能地保证农产品质量与安全，减少损耗和防止产品污染的一个特殊供应链系统。"（龚树生，2006；但斌，2008；谢如鹤，2012）。近年来，随着农业结构调整和居民消费水平的提高，生鲜农产品的产量和流通量逐年增加，全社会对生鲜农产品的安全和品质提出了更高的要求。加快发展农产品冷链物流，对于促进农民持续增收和保障消费者食品安全具有十分重要的意义。根据市场研究机构 eMarketer 相关报告中的数据显示：作为涉农电子商务的重要形式，2015 年中国生鲜电商交易规模达到 560 亿元，预计 2018 年将达到 1 283 亿元（Huang J.，Wang W. & Quan L.，2015）。生鲜电商的发展关键在于产品的冷链物流能力，"最先一公里"和"最后一公里"配送的综合性差异化服务体验将是生鲜电子商务模块的竞争核心，而目前的冷链物流企业服务还未形成产品化，因此，可以预见冷链零担和宅配服务市场规模会进一步扩大。然而，蓬勃发展的势头却难掩生鲜电商大面积亏损的现实。行业统计数据显示，2014年全国4 000余家生鲜电商只有1%盈利，亏损的主要原因是大多数生鲜电商因自建冷链物流而令成本陡增。整个冷链物流系统面临缺乏系统化的管理，缺乏对物流系统中核心要素的识别与分析，缺乏标准化管理，缺乏法规监管制度以及供应链脆弱与资本泡沫化等一系列困境与难题（刘丽欣，2008；丁俊发，2010；周熙登，2015）。

目前中国冷链物流的现实状况是，从中央到地方、农产品生产加工行业、物流行业都在大力支持并提倡发展，政府层面不管是从政策还是资金方面都做了很大努力，但结果却不甚理想。虽然人们大都意识到，大力发展冷链物流，可以促进诸如生鲜农产品、鲜活水产品、畜禽肉类等商品流通，降低资源损耗和商品流通途中损耗，从而增强社会资源的利用率，但中国现阶段相对于发达国家来说，冷链物流产业仍然相对落后，其原因主要有三点：第一，当前冷库和冷链运输设备不足，中国生鲜农产品大多在“自然”的露天操作和装卸，80%～90%的水果、蔬菜、禽肉甚至水产品都是在没有低温保证的情形下用普通卡车运输，很多时候在运输这些生鲜农产品的卡车上覆盖上几张棉被就是一种“奢侈”的保温措施了。第二，冷链行业缺乏统一和可操作性的技术标准。由于冷链物流的目标是保证易腐商品在流通和销售环节的商品质量为最终目的，冷链物流的手段是保持流通的所有环节都处在低温环境，是以制冷技术为基础，所以它比普通物流系统的要求更高，细节控制更为复杂。目前中国在冷链物流的实施上国家或行业的专项标准还不够完善，有一些大型的农产品、食品生产加工企业从自身发展的需要制定了一些标准，但由于不是政府和行业行为，因此在监管上无从操作。第三，冷链物流上下游产业配套不全。生鲜农产品对时效性要求很高，需要冷链的各个环节协调发展。然而，现在中国冷链产业的发展规划仍然欠缺，虽然国家层面上制定了冷链物流发展规划，但在具体操作中各地方政府大局意识不足，只顾本地区建设，而忽视了跨区域的资源整合，供应链上下游之间缺乏配套协调。这些不足使得目前中国生鲜农产品冷链产业还有更大的发展空间。

据统计，目前中国生鲜农产品的综合冷链流通率仅为32%，其中果蔬类冷链流通率是22%、肉类冷链流通率是34%、鲜活水产品是41%。而美、日等发达国家的冷链流通率达到85%，其中欧盟、美国、加拿大、日本等发达国家和地区的肉禽类冷链流通率已达100%，果蔬类冷链流通率也高达95%以上[①]。与发达国家相比，中国冷链流通率明显较低。美、日冷链物流发展经验表明，冷链物流发展和人均可支配收入具有很强的正相关性，当人均可支配收入超过4 000美元时，冷冻冷藏食品消费和冷链物流建设将进入快速发展期。中国城镇居民家庭人均可支配收入于2012年首次超越4 000美元大关，奠定了中国冷链物流建设快速发展的经济基础。随着人均可支配收入上升、生活节奏加快及消费者健康安全意识上升，消费升级驱动冷藏肉、乳制品、速冻食品、水果、蔬菜、禽蛋等冷冻冷藏食品的需求逐年上升。

农产品冷链物流体系是构建“农产品进城”现代流通渠道的核心问题。受自然、历史、社会等多方面因素影响，农产品市场一直以来流通都是短板。而生鲜农产品物流的冷链短板，让生鲜农产品的损耗率极高（中国综合冷链流通率仅为19%，而物流损腐率超过10%），使农产品能既便宜又品相完好地走进城里颇为不易（周熙登、舒辉，2013）。尤其突出的是，在中国较多地区都存在地域广袤、地理环境复杂，农业生产虽然占比高，但农产品物流分散，流通效率低的严重问题，尚未形成跨区域的农产品物流体系。因此，改善农产品冷链物流所处的生态系统，提升农产品冷链物流效率，突破农产品进城物流瓶颈，成为发展农村农产品物流、构建农业增效和农民增收长效机制、促进农村经济社会发展转型的重要问题。

农产品进城流通渠道问题，是解决“三农”问题的关键所在，国家高度重视农产品生产流通问题。从2003年到2017年，连续14年中央1号文件都重点关注农业、农村发展和农民增收问题。2016年1月27日，中央1号文件《中共中央国务院关于落实发展新理念加快农业现代化实现全面小康目标的若干意见》（以下简称《意见》）发布，意见中称将用发展新理念破解“三农”新难题，推进农业供给侧结构性改革，加快转变农业发展方式。《意见》更明确提出支持电商、物流、商贸、金融等企业参与涉

① 中国冷链产业网，2016年，中国冷链产业发展报告。

农电子商务平台建设。针对农产品的流通环节，《意见》更是具体地要求建立完善的跨区域农产品冷链物流体系，制定冷链标准、建立冷链标准示范性工程，在特色农产品的产区建立冷库，重视预冷工程。同时，加快农村电子商务发展，线上线下互相融合，使得农产品进城与农业物资、消费商品下乡双向流通顺畅。在党的十九大报告中，特别提出“农业农村农民问题是关系国计民生的根本性问题，必须始终把解决好‘三农’问题作为全党工作重中之重”，“要实施乡村振兴战略，坚持农业农村优先发展”。2017年12月28日，中央农村工作会议召开，会议研究实施乡村振兴战略的重要政策并进行部署，其中提到要围绕新农村创新生态供应链，建立现代供应链。在现代供应链条件下，各种类型的订购成为“种养加”的起点，产品集并、采购、运输（冷链）、储存、加工、分销、配送、销售等，成为高度信息化条件下的多个环节的无缝连接。

据调查，中国冷链物流成本比普通物流高出40%～60%，而日本的冷链运输成本只有世界平均水平的2/3。近年来，随着能源价格的上涨，冷链物流成本也大幅度上涨。由于农产品价格低、产业链条整合度不够、上下游厂商之间竞争激烈而合作不足等，使得降低物流成本成为农产品经销商的重要目标。然而正是由于冷链设施和装备水平低、冷链物流管理水平不高，整个物流费用占到了生鲜农产品成本的70%，这大大超出了易腐物品物流成本最高不超过其总成本50%的国际标准。据估计，全程冷链物流体系的成本大概占到产品销售价格的50%～70%，而常温运输或者土方法保温，该比例则只有20%。由于农产品市场上普遍存在质量信息不对称的情况，有些农产品经销商不愿选择冷链物流。对于必须选择冷链物流以保证品质的农产品，部分物流商会通过降低冷链标准来降低成本以迎合经销商。由于更重视商品价格，很多消费者宁愿选择非冷链农产品。冷链物流市场上的“劣币驱逐良币”现象制约了冷链物流业的健康发展①。

配送是整个冷链物流体系中一个关键环节，配送分为前端配送和末端配送，生鲜农产品从生产者到最终消费者的整个流程中，有80%以上的时间都是花在配送运输上（缪小红、周新年、巫志龙，2009）。由于生鲜食品易变质，

① 中国冷链产业网，2016年，中国冷链产业发展报告。

食品必须在整个流通过程中保持适宜的温度，并迅速流转，因此冷链物流必须使加工、运输、仓储和配送等环节密切配合，利用合适的设备，加以统一管理，确保生鲜食品的质量（Sun Y.，Cai H.，& Zheng L.，2008）。基于配送在农产品冷链物流运营中的重要性，因此，充分利用现有资源和信息（数据），合理安排车辆调度、规划路线，在满足时间窗等限制条件下，缩短生鲜农产品运输配送和周转时间，减少生鲜农产品在物流途中的损耗，从而降低冷链物流运营成本，提高生鲜农产品市场竞争力具有重大意义。

值得研究和关注的问题：影响农产品冷链物流发展的因素是什么？又是哪些因素影响和制约了农产品冷链物流系统的高效运行？影响农产品冷链物流配送成本的动态因素有哪些？在现有条件下，如何对农产品冷链物流配送路径进行优化，在满足客户需求的同时又尽可能节约配送成本。

通过查阅文献发现，以往对于影响中国农产品冷链物流发展因素的研究，主要是从宏观视角以少数专家学者为调研对象并利用层次分析法等统计方法进行分析。事实上，来自微观层面的农产品冷链物流行业的从业者和消费者，更了解市场发展的真实状况，其判断也能更真实地反映行业客观现实和需求。同样，之前对于冷链物流配送的研究相对较少，而且大部分配送路径优化研究都是假设在一个环境、道路、需求等不变的静态环境。但在实际配送管理实践中，冷链商品的变质率、道路状况、客户需求等因素往往呈现出不确定性的变化。

由此，本研究以“因素分析—模型构建—算法分析—实证研究”为主线，围绕农产品冷链物流供应链系统，针对影响农产品冷链物流发展的因素和农产品冷链物流配送路径的优化展开研究。

1.1.2　意义

在“供给侧结构性改革”背景下，如何利用互联网、物联网、大数据等现代信息技术与平台，完善跨区域农产品冷链物流体系、优化农产品冷链物流配送路径，支撑农产品电子商务发展，打通“农产品进城”流通“最后一公里”，成为当今社会关注程度最高的问题之一。

第一，在“供给侧结构性改革”背景下，选择农村电子商务发展过程中重点关注的农产品冷链物流配送为研究对象，基于信息技术运用，对农产品冷链物流配送路径的优化进行系统研究，在学术理论和物流管理实践中都极具研究价值。

首先，本项目在2016年中央1号文件中提出“供给侧结构性改革”背景下，选取农村电子商务发展过程中必须且急需重点关注的冷链物流配送路径优化为研究对象，综合应用系统科学、计算机科学、运筹学、管理科学等跨学科的研究方法，基于供应链理论、信息技术应用、问卷调查，分析影响农产品冷链物流发展的主要因素，构建农产品冷链物流配送路径优化模型并进行了实证研究。研究为解决农产品冷链物流配送体系的构建与策略提供科学依据和技术支撑，对促进其他交叉学科在管理科学研究中应用与融合有着重要的意义。

第二，从全新的视角对农产品冷链物流配送路径优化提供方法与工具，为区域冷链物流发展的政策制定提供理论依据，进一步实现服务模式与管理机制的创新。

第三，通过农产品冷链物流配送的实证数据分析，验证农产品冷链物流配送优化模型并将之用于实践，为冷链配送提供决策依据，促进农产品电子商务发展。

1.2 研究目标及研究方法

1.2.1 研究目标

本书的研究目标是探究区域农产品冷链物流发展的主要影响因素，构建农产品冷链物流配送路径优化模型，完善农产品冷链物流末端配送路径的优化理论。具体来说是以微观视角对农产品冷链物流行业从业人员和利益相关者进行调查，分析区域农产品冷链物流发展的主要影响因素；通过对农产品冷链物流配送干扰管理分析，进行适当的假设、建立模型、设计适合的算法对实时道路信息、考虑接驳点等情形下农产品冷链物流配送提出优化方案，以达到配送成本、服务质量、配送效率等综合成本最优化。

1.2.2 研究方法

研究以供应链理论、车辆路径优化理论等为支撑，通过文献分析、问卷调查、统计分析方法，以“分析—模型构建—算法设计—实证研究”为主线，分析区域农产品冷链物流发展影响因素，建立区域农产品冷链物流发展影响模型；以信息技术运用为背景，分析农产品冷链物流配送的干扰管理，针对农产品冷链物流配送路径优化机制展开研究，构建两个优化模型通过算法分析与选择，在现有计算条件下探寻最优的解。

1.3 研究内容及技术路线

1.3.1 研究内容

综合相关研究状况和目前存在的不足，采用定性和定量分析相结合、理论研究与文献查阅、问卷调查相结合的研究方法，在已有研究成果的基础上分析区域农产品冷链物流发展的影响因素，建立一种基于实时路况信息的多目标（成本、质量、效率）配送路径优化模型；提出冷链物流接驳配送方案、建立基于接驳点的农产品冷链物流配送路径模型。再利用改进的遗传算法和蚁群算法求解上述问题，旨在弥补现有理论和方法关于冷链物流配送路径优化问题的不足，如图1-1所示。

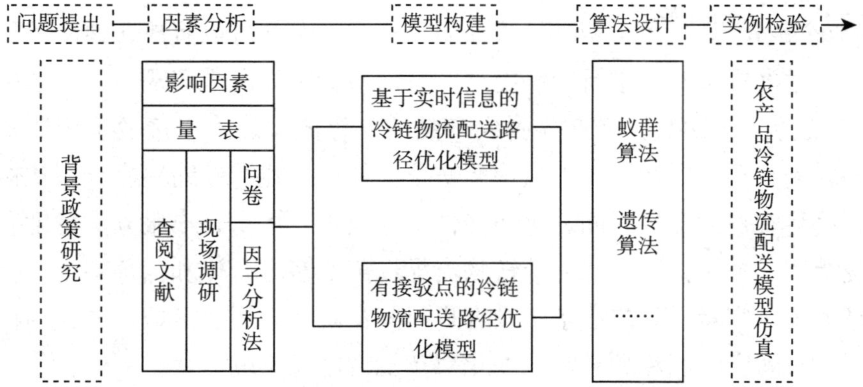

图1-1 研究内容示意图

1.3.1.1 基于微观视角农产品冷链物流发展的影响因素分析

通过文献分析、实地调研、问卷调查等方式对影响农产品冷链物流发展的因素进行分析和识别。应用因子分析法分析影响区域农产品冷链物流发展的主要因素，建立区域农产品冷链物流发展影响因素模型。

1.3.1.2 基于实时信息的农产品冷链物流配送路径优化研究

利用已有的云数据或大数据平台接口，冷链物流配送系统实时提取农产品配送过程中诸如路况、交通拥堵、冷藏车厢温度、顾客需求变化等信息（数据）。在传统的优化模型中加入这些变化的约束条件，动态优化配送策略（路径），并将优化后的配送策略（路径）信息（数据）又提供给数据云。如图1-2所示。

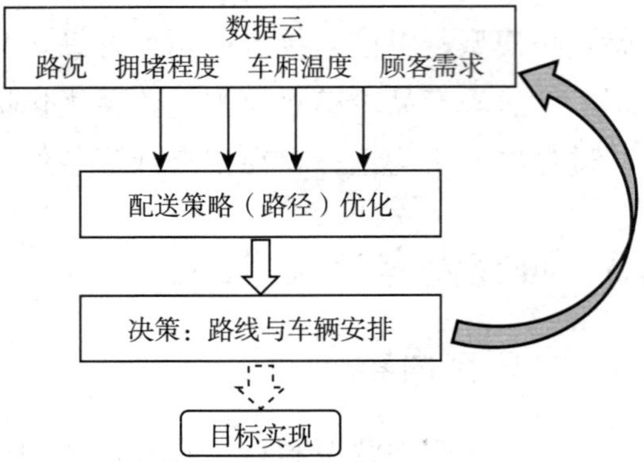

图1-2 实时信息下的配送策略

1.3.1.3 基于接驳点的农产品冷链物流配送路径优化研究

基于接驳点的农产品冷链物流配送是指农产品在进行冷链配送过程中，冷藏车从配送中心出发后，配送过程中不经中间冷库装卸货物，而是在配送路径上设置接驳点，在接驳点将生鲜农产品直接从冷藏车辆换载到另一个小型的冷藏或具有保温车厢的接驳车辆，大型冷藏运输车可理解为“移动冷藏仓库”，而小型冷藏或保温接驳小货车就可以看成普通冷链配送车。通过设置接驳点进行冷链配送，可以减少末端配送车辆往返配送中心（大型冷库）的次数，降低生鲜农产品的库存成本；由于接驳车辆通常是小型车辆，在城市拥堵的街道中配送更为灵活，能有效缩短农产品从供应商到最终客户的配送时间，进而降低配送成本，提高客户服务满意度和有效交货率。采用接驳方式的冷链物流配送需要多方合作和信息共享，除了要考虑车辆容量、客户需求量及客户时间窗限制，还要考虑接驳点的位置限制、时间窗限制和顾客需求变化对车辆调度等影响因素。

1. 静态接驳点的冷链物流配送路径优化模型

静态接驳点的冷链物流配送路径优化，本质上是接驳点的选址问题结合车辆路径问题。当确定接驳点后，可将接驳点看作一个特殊的需求点，则静态接驳点的配送优化问题就可以转化为普通的配送路径优化问题，一般冷链配送路径优化模型如下：

$$
\min Z=\sum_{i=0}^{n}\sum_{j=0}^{n}\sum_{k=1}^{m}c_{ijk}x_{ijk}+d\sum_{j=1}^{n}\max(E_j-s_j,0)+
e\sum_{j=1}^{n}\max(s_j-T_j,0)+\lambda\sum_{j=1}^{m}(\alpha r_j+\beta p_j)
$$

$$
s.t.\begin{cases}\sum_{i=0}^{n}g_i y_{ik}\leqslant q,k=1,2,\cdots,m\\ \sum_{i=0}^{n}x_{ij}=1,j=0,1,\cdots,n\\ \sum_{j=0}^{n}\sum_{i=1}^{n}x_{ij}=n\\ \sum_{k=1}^{n}y_{jk}=1,j=0,1,\cdots,n\\ E_j\leqslant s_j\leqslant T_j,j=0,1,\cdots,n\end{cases}\qquad(1-1)
$$

其中，Z 为综合成本；c_{ijk} 为第 k 部车在路段（v_i，v_j）的运输成本，且 $c_{ijk}=c_{jik}$；x_{ijk} 为 0，1 变量，若第 k 部车行经（v_i，v_j）路段，则 x_{ijk} 为 1，否则为 0；y_{ik} 为 0－1 变量，若客户 i 的任务由第 k 部车完成，则 y_{ik} 为 1，否则为 0；［E_j，T_j］为客户 j 要求冷链配送的时间窗，s_j 为车辆到达客户 j 的时刻，$d(E_j-s_j)$ 为车辆在 E_j 之前到达客户 j 而产生的惩罚成本，$e(s_j-T_j)$ 为车辆在 T_j 之后到达客户 j 而产生的惩罚成本；$\lambda(\alpha r_j+\beta p_j)$ 为货损成本和制冷成本。

2. 动态接驳点的冷链物流配送路径优化模型

在大数据支持下，冷链物流配送系统可以实时获取客户的需求量，由于需求的变化，静态的接驳点安排将不再是最优的配送方案。动态接驳点的冷链物流配送路径优化框架如图 1－3 所示。

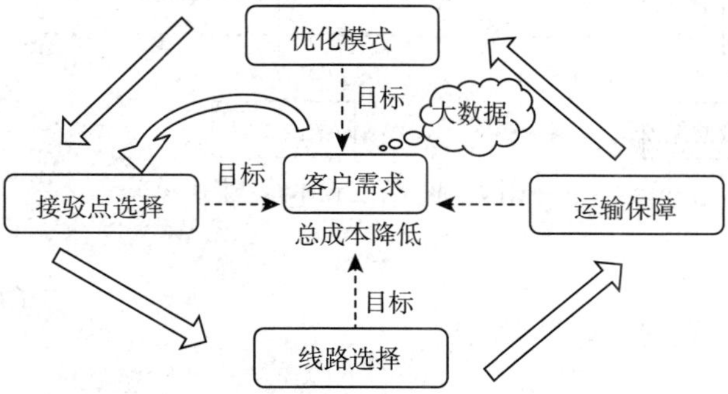

图 1－3 动态接驳点的冷链物流配送路径优化框架

1.3.2 技术路线

本书的总体研究思路是：综合运用文献分析、问卷调查、因子分析法、优化理论、数值计算、计算机应用等多学科理论和知识，采用定量和定性分析相结合、对比分析等方法，构建区域农产品冷链物流发展影响因素模型、农产品冷链物流配送路径优化模型，设计算法，对农产品冷链物流配送路径进行优化计算和实证分析。

本书的技术路线图如图1-4所示。

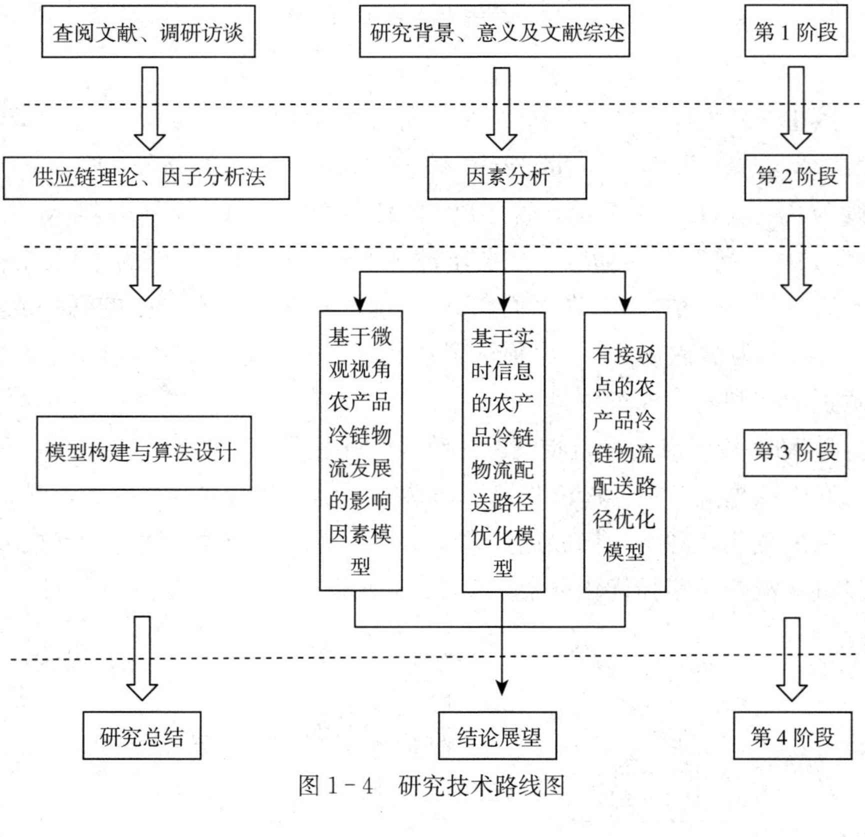

图1-4 研究技术路线图

第 2 章

CHAPTER 2

研　究　综　述

其他国家在农产品物流方面的研究已经发展得比较成熟，特别是针对易腐的生鲜农产品物流研究，在欧美等发达国家已经形成较为完整的冷链物流研究体系。国内对于冷链物流的研究虽有相关理论及政策分析，但未完全形成冷链物流研究体系（陈祥燕、李宝奕、高娟，2014）。针对中国农产品冷链物流发展过程中所面临的诸多问题，以及农村电子商务等发展的外在环境刺激，中国农产品冷链物流的研究将逐步成为学界和业界关注的焦点（Liu，Lee & Jiao，2013）。

基于本研究的研究目的和思路，将从冷链物流系统的概念与内涵，影响冷链物流发展的因素，冷链物流配送模式与优化方法等几个研究领域对研究现状进行综述和分析。

2.1　基于冷链物流系统概念与内涵的研究

其他国家对于冷链物流系统的概念与内涵研究大体分为四个阶段：萌芽阶段、实践与推广阶段、发展阶段、研究体系逐步成熟阶段（Zhang & Li，2010）。Barrier 在 1894 年针对食品易腐特征，提出冷藏链的概念。而此概念的提出被视为冷链物流研究的萌芽阶段，而冷藏链的概念直至 20 世纪 40 年代逐步得到业界的重视（Kuo & Chen，2010）。Arsdel 等人针对易腐食品的具体特征，提出“3T 原理”（温度 Temperature、容许变质度 Tolerance、冷藏及流通时间 Time）。该原理进一步阐明冷链物流与易腐食品在质量、流通时间和温度之间的内涵关系，而其后进一步产生 3P 和 3C 原理，这些原理在业内逐步推广与应用，形成冷链物流概念和内涵研究的实践与推广阶段（Tarantilis & Kiranoudis，2002）。Billiard 进一步将冷链物流定义为将易腐、生鲜食品在生产加工、储藏、运输、配送、销售等环节中始终处于易腐食品品质保证的低温环境，以保证食品质量安全的一种特殊供应链系统。该研究不仅提出了冷链物流运输和配送物品的特殊性（如生鲜农产品），而且强调冷链运送过程的特殊性（Shanhani，Sacn & Torabipour，2011）。而对于易腐性生鲜农产品冷链物流的概念与内涵的研究只是冷链物流概念与内涵研究的缩影，其具有一般冷链物流的特征，同样也具有其特殊性，而这些特殊性主要集中于农产品冷链物流基础设施建设、科技发展、农产品处理方式以及质量安全等方面的约束（Hallie & Christopher，2006；Joshia，Banwet & Shankar，2011）。基于大物流理论下的冷链物流体系概念与内涵研究是其概念与内涵研究的逐步成熟与完善的阶段，该研究立足于生态理论与物流理论的相互融合，综合考虑冷链物流的生产主体、需求主体以及外部环境主体三大方面的相互作用、相互影响而形成（Xiao，He & Fu，2016）。

国内未形成类似其他国家冷链物流体系概念与内涵研究的发展轨迹。从目前国内的研究上可以看出，陈祥燕、李宝奕与高娟（2014）基于文献计量方法，以统计 2008—2012 年 SCI、SSCI 和 EI 收录的所有有关物流研究的论文为基础，对这个时间段国内外物流领域的研究论文发表增长趋势、学科分布情况以及关键词情况进行了对比分析。研究发现，虽然 2008—2012 年间中国关于物流方面的科研力度不断加大，但是在冷链物流体系的研究方面只是针对冷链物流体系概念与内涵的局部进行研究。目前中国已有部分学者提出适合中国具体情景的大物流理论，用于研究冷链物流体系的概念与内涵，而该研究也成为冷链物流研究领域的前沿热点问题。比如，徐寿波（2010）在 1985 年提出大物流科学理论问题的基础上，进一步指出该理论是研究物流业的核心，且得到同行的普遍认同。他进一步指出是物流研究的核心。侯艳芳与谢东（2015）在大物流科学理论基础上对中国农产品冷链物流存在的问题提出相应的对策，并结合蒙牛乳业的冷链物流案例进行分析。

综上，基于大物流理论对冷链物流体系概念与内涵的研究已然成为国内外研究的前沿热点与焦点，但从国内外已有的研究成果来看，尚存在概念界定的边界不明晰，较为笼统，缺乏有针对性的研究等问题。虽有部分学者对农产品冷链物流体系的概念与内涵界定进行研究，但是其缺乏系统性和深入性，需要进一步基于大物流理论对农产品冷链物流体系的概念与内涵进行界定，对其内部主体要素构成、特点、运行机制等内涵与外延进一步发展和完善。

2.2 影响冷链物流发展因素的研究

长期以来，对影响农产品冷链物流发展因素的研究主要是从技术方面进行，即研究冷冻冷藏技术提高与应用、冷链物流的形式、方法和措施多样化对冷链物流发展的影响，还有一些是冷链物流的应用实践研究和案例分析。Hallie 与 Christopher（2006）的观点是，制冷不是冷链物流的主要目的，冷链物流是为了使食品在运输和贮藏过程中保持必需的低温，最终目的是保证待售食品的最佳品质同时尽量延长其货架上停留时间；James（2006）的研究认为制冷不是冷链物流的目的，冷链物流是为了使生鲜易腐食品保持一定的低温，使得其在出售前能最大程度上保持最佳品质，亦即维持其货架期。同时，他还分析了影响生鲜食品变质的主要因素模型的构建方法；Victoria（2003）在研究几个发展中国家食品出口的冷链物流网络时也分析了构建这些冷链物流网络会受到哪些因素影响，同时也阐述了影响这些国家选择冷链物流方式的主要因素。Coldring 与 Zack（2006）利用“冷链维持理论”论述了如何保持冷链物流系统正常运作。

国内理论界对于农产品冷链物流发展现状以及影响农产品冷链物流发展因素的分析研究颇多，中国一些学者（杨卫东，2009；杨光华、林朝朋、谢小良，2009；王玉侠，2011）分析了中国近年来生鲜农产品物流发展情况，基本上认为制约着中国生鲜农产品物流发展主要有基础设施不足、缺乏统一和可行的生鲜农产品物流标准体系、冷库和冷链运输系统不完善、先进技术在物流中的应用不理想，还有就是生产者与销售者各自为政，第三方物流介入不强等问题。另一些学者（欧海燕，2011；肖锭，2014；王程，2014）分别对中国以大型超市为主导、以第三方物流为主导、以批发市场为主导的生鲜农产品物流模式进行了探讨和分析，并以降低物流成本、增加农产品竞争力为目标提出一些政策和对策建议。此外，王红敏与杨蕾（2008）以及姚月强、龚顺清与王路平（2011）通过对影响中国生鲜农产品物流发展的因素进行定量分析，认为组织状况、基础设施、管理体制、冷链成本等是影响中国农产品物流的主要因素。徐丽蕊与任娟娟（2015）以冷链物流系统为研究对象，通过专家调查法、解释结构模型法和层次分析法，研究了影响冷链物流系统的主要因素。通过 Delphi 专家调查法，从影响冷链物流发展的诸多因素中筛选出“冷链物流的市场化程度”“生鲜农产品冷链物流意识”等 12 个关键影响因素。

总的来看，现有的研究通常以技术为主，集中讨论信息技术、制冷技术、物流技术等对生鲜农产品物流发展发生的影响，从宏观层面上分析阻碍中国生鲜农产品物流发展的瓶颈问题，哪些物流模式符合现阶段的生鲜农产品物流发展，并建议通过完善物流技术标准、加强基础设施、优化组织结构、鼓励第三方物流参与来提高农产品物流的效率。这些研究主要以专家学者、政府官员为调研对象，利用层次分析等统计方法对获取的原始数据进行分析。而从微观视角，通过调查众多行业专业人士及农产品冷链物流利益相关者进行的实证研究较少。

2.3 农产品冷链物流配送模式研究

其他国家虽然很早就有对易腐食品配送的研究，但单独对农产品冷链物流配送模式的研究却进行得较晚。David 与 Girma（2004）通过对瑞典 Uppsala 市区物流共同配送问题进行研究，认为共同配送模式可以有效减少碳排放、降低物流成本。在此研究基础上，Kuo 与 Chen（2010）提出蓄冷式冷链物流多温共同配送系统，将该模式运用在城市生鲜食品、果蔬的家庭配送，指出蓄冷式冷链物流多温共同配送在提高配送时效的同时可以有效降低配送成本。认为蓄冷式冷链物流多温共同配送可推广到 B2B、B2C 等物流配送服务模式。Hsu、Chen 与 Wu（2013）将蓄冷式冷链物流多温共同配送与传统多车配送进行对比研究后发现蓄冷式冷链物流多温共同配送在配送需求点密集且需求分布不均的配送网络下优势特别明显，随后，构建了蓄冷式冷链物流多温共同配送优化模型对配送时间、车辆安排和配送路线选择进行了优化。

中国学者对农产品冷链物流配送模式的研究进行得比较晚，夏白娟（2005）通过对生鲜农产品传统型配送模式（产地—批发市场—商店超市—消费者）进行市场调研发现，批发市场是生鲜农产品物流配送的关键环节，由于采用的是现货当场交易方式，阻碍了产地与和消费者之间的顺畅交流，使得农产品冷链物流上下游脱节。熊惠与李靖（2008）针对易腐物品物流特性，站在需求厂商的角度（包括连锁店、零售商等），对第三方物流配送模式进行分析，认为冷链配送由第三方外包能提高顾客满意度、降低物流成本。康振虎与康江卫（2010）借鉴日本的经验，以藁城市的绿色蔬菜销售为例，对中国农产品流通中直销模式的可行性进行探讨，认为生鲜农产品直销能减少交易环节，降低交易成本，带动观光农业发展。但由于规模不大，冷链配送没有规模效应，物流成本居高不下，不适合作为农产品冷链配送主流模式。

司银霞（2011）依据农产品配送运作主体的差异，对生鲜农产品的冷链物流配送模式进行了分类。根据在配送过程中的作用，将生鲜农产品冷链物流配送运作模式分为基于批发市场的传统型配送模式、基于生产基地的直销型配送模式、基于销售商的自营型配送模式、基于第三方物流企业的外包型配送模式、基于共同配送的合作配送模式和基于 C2B 和 O2O 的宅配模式等六类。从配送组织结构分析出发，分别比较了几种模式下的货源组织和销售组织的区别，并对其运行机制的优劣势进行了对比分析，从而得出影响生鲜农产品配送模式的因素，建议在配送模式选择时，可考虑地方特色和产品特色，采取多种模式相结合的方式。

杨慧莲与霍学喜（2014）从生鲜农产品的需求和供给两个层面对生鲜农产品社区直销模式的形成进行分析，认为消费者需求和社区消费理念、社区环境直接影响着生鲜农产品的直销模式形成。中国目前常见的生鲜农产品社区直销模式虽然减少了农产品冷链物流的中间环节，但消费者选择面较窄，消费体验不高，而且由农产品生产者（农户或合作社）直接对接社区的物流及信息渠道不畅通，推广有一定的难度。

在农产品冷链物流共同配送模式方面，刘志勇与王侃（2007）在分析了中国冷链物流发展特别是冷链物流配送遇到的一些实际问题，提出了可以提高冷链物流配送效率以及降低配送成本的新策略——共同配送，并结合台湾地区的一个共同配送实例对农产品冷链物流共同配送的可行性及必要性进行了分析，研究表明当前可在农产品冷链物流中加强政策引导和基础设施设备投入，引导采用共同配送的模式。

王冬冬与李丽琴（2012）结合供应链管理的思想，从生鲜农产品的需求与供给特点着手分析了中国生鲜农产品物流配送的现状，详细评述了生鲜农产品共同配送的基本模式并就如何提倡促进生鲜农产品共同配送发展提出了政策建议。王晶、贾琪与杨浩雄（2013）从两家大型连锁超市采用第三方冷链物流共同配送后成本降低这一事实提出了基于“农超对接”的第三方共同配送模式。通过 Rubinstein 讨价还价模型对共同配送降低成本转化而成的间接收益在各共同配送参与主体间进行分配，从另一个角度看，这恰好间接地提出了一个共同配送成本分摊问题的解决方案。

总体来看，国内外研究所提出的农产品冷链物流六种配送模式都各具特点、各有优势。中国地域辽阔、农产品各类繁多、城镇居民消费习惯千差万别，生鲜农产品供给和需求市场发展不一，各农产品冷链物流参与主体应根据自身特点和当地市场特色，选择适合的生鲜农产品配送模式，从而提高配送效率、保证生鲜农产品品质安全、保证生鲜农产品供应链的稳固（牛小娟，2015）。

2.4 冷链物流配送路径优化研究

普通产品的物流配送优化，主要是考虑车辆固定成本和运输成本，若配送的产品有时效性限制，则还要考虑因为不按指定时间段送达而形成的违反时间窗惩罚成本。而对于易腐商品的冷链物流配送，不仅要考虑普通物流配送可能的车辆固定成本、运输成本、违反时间窗惩罚成本之外，还要考虑易腐商品在冷链运输过程中由温度、时长、装卸等原因引起易腐商品变质而形成的货损成本，冷链配送中由于制冷和保温引起的能耗成本等。国内现有冷链物流配送路径优化研究，优化的目标绝大多数都是基于配送成本最小化而展开，从优化的条件假设环境来分，已有配送优化研究主要从静态和动态两个方面进行。

2.4.1 静态冷链物流配送路径优化研究

自1959年美国学者丹茨格和拉姆泽首次提出车辆路径问题（VRP）以后，VRP便成为物流配送研究的热点问题之一。VRP的主要内容是根据已知的配送中心、配送服务需求点、车辆的允许行驶路线等资源下，满足特定的如客户需求量、配送中心库存量、配送车辆最大装载量、发货时间限制、配送送达时间限制、配送车辆最大行驶里程限制等约束条件下，以一定的目标（如配送总成本最小、配送总时间最少、配送总里程最小、动用配送车辆数量最少、配送车辆空载率最小等）建立起的配送方案优化模型。随着VRP问题研究的深入，Tarantilis与Kiranoudis（2002）以希腊的鲜牛肉冷链配送为例，对一个农场服务多个配送中心的易腐食品冷链物流配送车辆路径问题进行研究。另外，由于生鲜农产品就算在低温环境下也有一定的保质期且低温环境控制成本巨大，所以如何减少产品在运输和贮藏上消耗的时间，同时在顾客指定的时间范围内送达就成了冷链配送研究的重点，也就是延伸出来的带时间窗的车辆路径问题（VRPTW）。Nabila、Michel与Potvin（2007）提出了在确定配送车辆的行驶时间即在规定时间点送达的一个带有时间窗的生鲜食品配送VRP问题，随后对比研究了将硬时间窗放宽至软时间窗后配送总成本的变化情况。

赵艳艳（2009）在研究食品冷链配送车辆路径问题时，以配送总成本最小化为目标函数建立最优模型，在模型中将在软时间窗范围内违反时间窗后的惩罚成本计入配送总成本。而缪小红等（2011）所建立的冷链配送模型，除考虑了违反时间窗的惩罚成本外，还依据实际情况将车辆配送过程中的货损成本以及冷藏车开关车门产生的热交换而带来的能耗成本也考虑在内。王海丽等（2008）对生鲜农产品冷链配送的冷藏车辆能耗成本进行了研究，认为冷藏配送车辆在行驶过程中消耗的制冷成本主要与车厢内表面积、车厢外表面积以及车厢内外的温差有关。在打开冷藏车厢门时，其制冷能耗成本与打开车厢门时间、车厢门面积以及车厢内外温差有关。

潘茜茜与干宏程（2016）针对冷链物流配送中的制冷能耗问题，从日益严峻的环境考虑，在冷链物流配送路径优化研究时，不仅考虑客户满意度和配送总成本，还引入碳排放指标。其将碳排放指标量化成经济效益，构建了一个考虑碳排放成本的冷链物流配送路径优化数学模型。陶云与张鹏程（2016）在生鲜农产品冷链物流配送优化研究中，以总成本最小作为优化目标，其对生鲜农产品冷链配送的总成本进行了详细分析，冷藏车辆运输成本、货损成本、车辆固定成本和惩罚成本构成主要配送成本，认为生鲜农产品的冷链物流配送货损成本较为典型，货损成本与车厢温度、运输时间、装卸次数和路况有关。

上述说明，时间窗、变质率、货损成本是冷链配送建模研究中的几个重要因素。

2.4.2 动态冷链物流配送路径优化研究

相对于冷链物流配送系统中各参数相对确定的冷链物流配送路径优化静态研究，动态环境下冷链物流配送路径优化问题面对的是相关信息和变量的不确定性。例如易腐食品变质率的不确定性、模型输入或采集数据的误差等等。目前国内外对农产品动态冷链物流配送路径优化研究文献不多。Chen、Hsueh 与 Chang（2009）在研究易腐食品的生产计划和带时间窗的车辆路径问题时，以目标函数生产企业期望利润最大化，以销售企业的需求率作为随机变量，构建了一个非线性数学模型。研究提出了信誉损失成本，假设只有冷藏配送车辆抵达销售企业时，供应商才知道销售商的准确需求量，若配送车辆上的货物无法满足销售商需求，则产生信誉损失成本。李娜与王首彬（2011）研究了对易腐商品的需求量是随机的带软时间窗下车辆路径问题，提出变质成本和缺货成本概念，当装载易腐商品的冷链配送车辆到达客户点时，如果供应量大于客户需求量，多余的商品就会变质，乘以一定的系数就是变质成本；如果供应量小于需求量，则缺货量乘以一定系数就是缺货成本。Osvald 与 Strin（2008）研究了新鲜蔬菜配送带时间窗的车辆路径问题模型，提出线性变质率。同时认为冷藏配送车辆的行驶速度取决于出发时刻（事实上意味着不同时间道路顺畅情况不一样），冷藏配送车辆的行驶时间取决于距离和配送时间段。石兆与符卓（2013）建立了一个具有时变性的交通网络下带时间窗的冷链食品配送车辆路径模型，在模型中合理假设配送车辆在实际配送过程中会面临一些突发的诸如交通堵塞、天气情况和其他突发事件等干扰因素。

综上，以往对于冷链物流配送的车辆路径优化研究主要侧重于静态网络下的车辆路径问题，即参与配送的组成因素如车辆、道路、客户需求等都假设是不变的。但在实际冷链配送管理过程中，冷链品的变质速度、变质率、道路状况、客户需求等因素往往呈现出不确定性的变化。同时，由于投入资本、区域规划、城市地价等因素的影响，冷链物流企业不可能设置太多的冷链配送中心，同时考虑到城市中心地段地价较高，一般冷链物流企业会将冷链配送中心设置在地价较低的城郊地区。而接受农产品配送服务的超市、便利店、饭店、食堂等需求点往往位于交通拥挤的市中心，甚至是狭小的街道弄堂。如果冷链配送车辆太大，对于频繁地卸货会增加制冷成本，配送后期大车拉货少时又会增加运输成本。采用接驳方式对生鲜农产品进行冷链配送能否降低配送成本、提高配送效率，国内外较少有此类研究。

2.5　本章小结

本章从冷链物流系统概念与内涵、影响冷链物流发展因素、农产品冷链物流配送模式、冷链物流配送路径优化等四个方面对国内外研究文献作了简要介绍。特别是，在评述冷链物流配送路径优化研究文献时，分别就静态冷链物流配送路径优化研究和动态冷链物流配送路径优化研究进行对比阐述。分析发现，基于大物流理论对冷链物流体系概念与内涵的研究已然成为国内外研究的前沿热点与焦点，但概念界定的边界不明晰。对农产品冷链物流发展影响因素的研究主要以技术为主从宏观层面上分析阻碍中国生鲜农产品物流发展的瓶颈问题，而从微观视角，通过调查众多行业专业人士及农产品冷链物流相关利益者进行的实证研究较少。农产品冷链物流的六种配送模式都各具特点、各有优势，各农产品冷链物流参与主体应根据自身特点和当地市场特色，选择适合的生鲜农产品配送模式。对冷链物流配送的车辆路径优化研究主要侧重于静态网络下的车辆路径问题，但在实际冷链物流配送的管理过程中，冷链品的变质速度、变质率、道路状况、客户需求等因素往往呈现出不确定性的变化。同时，采用接驳方式对生鲜农产品进行冷链配送能否降低配送成本、提高配送效率，国内外较少涉及此类研究。

第 3 章

CHAPTER 3

区域农产品冷链物流的概念和相关理论

3.1 农产品冷链物流的概念

3.1.1 冷链及冷链物流的定义

对于冷链和冷链物流（Cold Chain Logistics）的定义，世界各国不同地区在不同的时间段都有着不同的定义。美国食品药品监督管理局（FDA）对冷链的定义是“确保易腐生鲜农产品从农田到餐桌的所有过程都保持在合适的温度之下，以防止细菌生长而带来的食品安全。”欧盟国家将冷链定义为“冷链是指生鲜农产品从原产地，经过生产、加工或屠宰、运输、配送，直到最终消费的一系列有低温限制的过程。”日本对冷链的定义是“通过冷冻（藏）和低温储藏等技术手段，使鲜活食品、生鲜农产品保持新鲜状态一直由初始生产者流通到最终至消费者的一个系统。”欧盟的定义强调冷链的实际操作和运作的规范化，美国的定义更加注重供应链的全过程（孙明燕、兰洪杰，2007）。

中国 2001 年颁布的《物流术语》（GB/T 18354—2001）将冷链物流定义为“为保持新鲜食品及冷冻食品等的品质，使其在从生产到消费的过程中，始终处于低温状态的配有专门设备的物流网络。”2006 年颁布的新国家标准《物流术语》（GB/T 18354—2006）重新将冷链物流定义为“根据物品特性，为保持物品的品质而采用的从生产到消费的过程中始终处于低温状态的物流网络。”

综合上述定义，可将冷链物流定义为：为保证某些特殊商品（如生鲜冷冻食品、水产品、花卉、药品等）产品质量，以冷冻（藏）和低温储藏等技术为手段，使上述特殊商品从产地到最终消费者各个环节（生产、贮藏运输、配送、销售等）始终处在能确保这些特殊商品品质的温度环境下的一个低温物流过程。

3.1.2 农产品冷链物流的定义

2010年国家发展和改革委员会颁布的《农产品冷链物流发展规划》中提出了农产品冷链物流的定义："肉、禽、蛋、奶、水产、蔬菜、水果等生鲜农产品从生产地采摘（屠宰或捕捞）后，使这些生鲜产品在加工、贮藏、运输、销售等环节始终在合适的低温环境下，能尽可能地保证农产品质量与安全，减少损耗和防止产品污染的一个特殊供应链系统。"①

由此可见，物流界对农产品冷链物流的定义也是随着冷链物流的不断发展而相应地不断完善的。中国现有的对冷链物流的几个定义，虽然表述上各有侧重，但都包含了"从生产到最终消费者（从田间到餐桌的）全过程"、"低温控制"和"品质与安全"三个冷链物流的核心要素。《农产品冷链物流发展规划》的定义明确指出"冷链物流是一条特殊的供应链系统"，注重强调从产地到最终消费者整个过程中各个环节的协调与衔接，较为全面科学，因此本书对冷链物流的定义倾向于此。

3.1.3 农产品冷链物流的特点

农产品冷链物流在物流体系是占有非常重要的地位。正如生鲜农产品在人们日常生活中所涉及的所有消费品中的地位一样，"民以食为天"，农产品冷链物流在物流体系中的作用非常重要，它是提高食品安全、为人们把好"入口"关的重要措施和手段。

农产品冷链物流对环境要求严格。由于需要对生鲜农产品进行全过程品质保证，避免冷链掉链，它对每个环节的作业环境都有严格要求，对采摘环境和时机、加工环境、运输过程、周转和配送、销售都有明确的温度要求。这体现在对产地的冷库、冷藏运输和配送车辆、超市是否有冷藏或冷冻的货架等都有明确要求。

① 国家发展和改革委员会，农产品冷链物流发展规划，2010。

农产品冷链物流的目标特殊：农产品冷链物流对象的范围有生鲜水果、生鲜蔬菜类，水产、冷冻鲜肉、蛋类等初级农产品。

农产品冷链物流通常由五个环节构成：农产品的采摘及预冷、低温加工环境、冷冻冷藏、冷藏运输及配送、冷藏冷冻销售。

（1）农产品的采摘及预冷。冷链在农产品的采摘（屠宰）环节将农产品进行低温处理（预冷），对生鲜农产品的质量及整个冷链物流的质量起到关键性作用，是农产品冷链物流的基础，这一环节如果有瑕疵，后面的环节不管做得多好都不会有“亡羊补牢”的效果，因为农产品的采摘及预冷是农产品“新鲜”的保证，也是冷链物流产生的意义和前提。第一阶段的农产品已经不“新鲜”了，那么整个冷链物流也就如沙滩建高楼没有任何意义了。

（2）低温加工环境。在保障农产品品质的低温环境对农产品进行初加工环节是上一环节的延续。在冷鲜肉类、生鲜果蔬等的初加工中，需要对整个加工环境温度进行有效控制，这个环节对先进制冷技术的运用极为重要，否则会造成能耗大幅上升最终导致冷链物流成本的陡增、冷链农产品失去价格竞争力。

（3）冷冻冷藏环节。这个环节是为了避免生鲜农产品在贮藏过程中腐烂变质。生鲜农产品由于本身的生物酶与携带的微生物，对贮藏的温度和时间有严格要求，否则会引起生鲜农产品腐败，中国现在常用的生鲜农产品冷链储藏方式主要有：气调储藏、减压储藏、冰温储藏和 MAP 储藏(Modified Atmosphere Packaging：改变包装物体周围气体环境)。

（4）冷藏运输及配送环节。冷藏运输及配送是一个衔接冷链物流不同环节的纽带，贯穿整个冷链物流过程，将农产品冷链物流的其他环节串联起来构成一个完整的冷链物流。相对于普通物品的物流而言，冷链物流运输的关键点是全程冷链，冷藏运输及配送需要专门运输工具，冷链运输的方式主要有公路冷链运输、水路冷链运输、铁路冷链运输、航空冷链运输等，也可以是多种运输方式相结合的综合运输方式。

（5）冷藏冷冻销售。冷藏冷冻销售是生鲜农产品冷链物流的最后一个环节，在一般实践中，属于需要冷冻销售的农产品因为是直接向消费者展示的环节，所以冷冻销售环节一般做得较好，但如果是需要冷藏销售的，却往往被忽略，目前中国果蔬等应该需要冷藏销售的农产品冷藏销售比例不高。

农产品冷链物流与常规物流比较而言，因为其对象的特殊性，农产品冷链物流具有以下特点。

（1）农产品冷链物流基础设施投资大，制冷和保温技术含量高，冷链监控比较困难。一方面，冷链物流的投资一般比较大，最常见的是冷库和低温加工场所的建设、冷藏运输和配送车辆的购买，农产品冷链物流基础设施设备的投资往往比常规物流的投资高3～5倍。因为冷链物流要求的是全程冷链，在能源消耗如电费、燃油费等的投入又是一笔不小的开支，如果没有先进的制冷和保温技术支撑，冷链物流的成本将大大增加。再外，冷链物流的监控比较困难，由于冷链物流的管理是全过程，每一个环节的冷链掉链都会导致冷链物流的失败，而这个掉链行为造成的恶果往往又不是马上能显现出来，这就造成了各环节的推诿。

（2）生鲜农产品从采摘（屠宰）到最终消费的全过程需要全程冷链。生鲜农产品从产地到销售的整个供应链条中，为保证生鲜农产品的品质和货损，整个加工、运输、配送、销售过程全程冷链是必须严格要求的。

（3）农产品冷链物流是一个跨学科、跨行业的系统。从生物学、微生物学到热力学，从食品加工到配送中心的规划设计，农产品冷链物流系统更是需要从农业到信息产业大数据的支持。

（4）农产品冷链物流须遵守“3T”原则。由于生鲜农产品的特殊性，生鲜农产品在冷链物流过程对流通时间（Time）、温度（Temperature）和产品耐藏性（Tolerance）必须严格控制和遵守。

3.1.4 农产品冷链物流的模式

如图3-1所示，一条完整的农产品供应链包含了从农产品生产（种养）到最终上到消费者餐桌的生产（种养）、加工、批发（产地批发、销地批发）、销售环节，而冷链流通（冷链加工、冷链贮藏、冷链运输与配送、冷链销售）贯穿于上述各个环节之间。生产者（农民、农业生产企业或合作社）、产地物流中心（冷库）、加工企业、冷链物流企业、销地物流中心（冷库）、销售企业和消费者是农产品冷链流通各环节的主体和利益相关者。

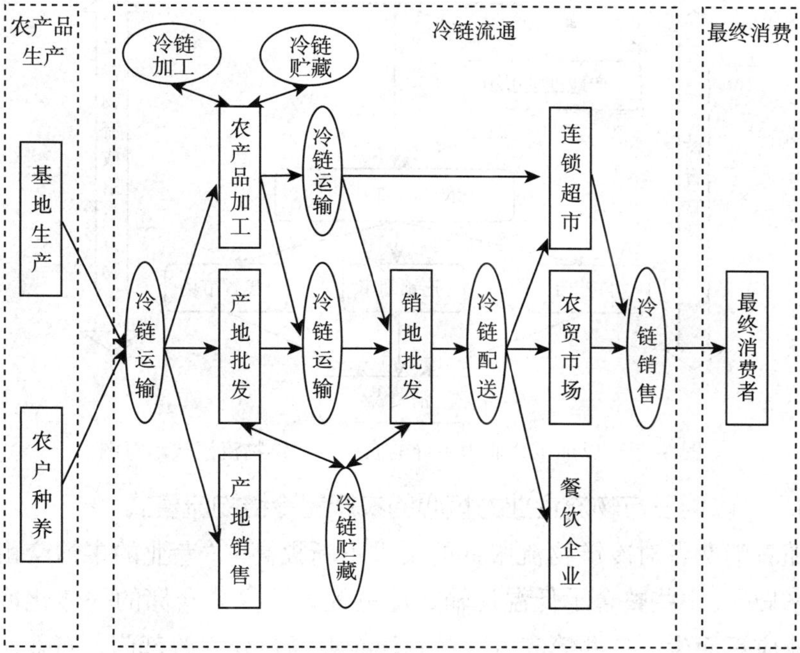

图3-1　农产品供应链环节示意图

中国现阶段的农产品冷链物流模式主要以不同的参与主体侧重点来划分，一般分为以加工企业为主导、以第三方物流企业为核心、依托批发市场、以大型商超为核心等四种农产品冷链物流模式。

3.1.4.1　以加工企业为主导的农产品冷链物流模式

目前从中国农产品冷链物流实践来看，在农产品冷链物流中最容易出现断链的两个环节在两头，一是农产品采摘后到加工企业之前的环节，二是销售环节。通常加工企业为保证农产品品质在低温状态下进行加工，但如果在加工前这一段时间冷链掉链造成农产品“原材料”品质不高，就会极大影响农产品冷链物流的后续环节。因此，一些实力强劲的加工企业（例如光明乳业）就自营冷链建设自己的冷链物流网络，主导着整个供应链，对冷链上下游各个环节进行有效的监管，以此来保证整个冷链系统的完整性。这种以农产品加工企业为主导的冷链物流模式如图3-2所示。

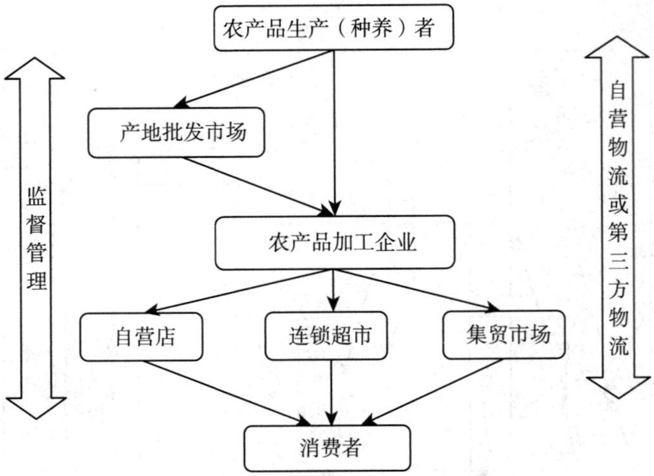

图 3-2　以加工企业为主导的农产品冷链物流模式示意图

3.1.4.2　以第三方物流企业为核心的农产品冷链物流模式

随着消费者对冷链物流服务的要求不断提高，“专业的事情交由专业的人来做”，一些整合了低温运输、冷链配送、冷藏仓储的一体化冷链物流企业应运而生。这些第三方冷链物流企业通过建立跨部门、行业、地域的综合冷链服务网络，主导整个农产品冷链物流，为客户提供采购、低温运输、冷藏仓储、冷链管理、冷链配送、信息支持等综合冷链物流服务，如图 3-3 所示。

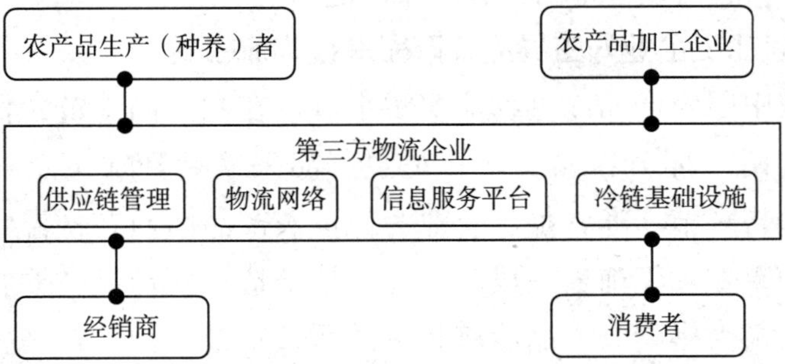

图 3-3　以第三方物流为核心的农产品冷链物流模式示意图

3.1.4.3　依托批发市场核心的农产品冷链物流模式

这种农产品冷链物流模式依托产地或销地批发市场，将农产品批发市场、农产品生产企业（农民合作社）、批发企业、零售企业、运输企业、加工保鲜企业等农产品冷链物流各参与主体或相关利益者紧密联系起来，实行优势互补。该模式以批发市场为中心，依靠现代化的设施设备和先进的物流技术将农产品的流通加工、低温贮藏、冷链运输、冷链配送等功能高度整合在一起。同时通过运输企业将分散各处的生鲜农产品集中起来处理，利用在信息采集上的优势对冷链物流进行统筹管理，减少物流环节，缩短物流时间，降低产品损耗，有效节约物流成本。如图3-4所示。

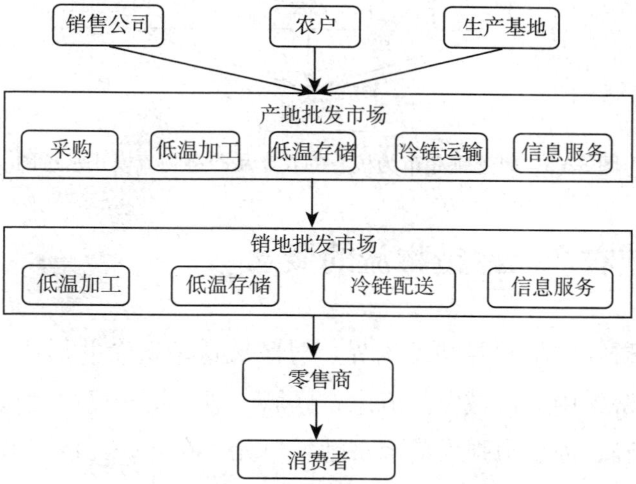

图3-4　依托批发市场为核心的农产品冷链物流模式示意图

3.1.4.4　以大型商超为核心的农产品冷链物流模式

生鲜农产品从生产采摘最终到销售（或配送到户），常规的流通过程会经历运输、产地批发、加工贮藏、运输、销地批发等环节，流通的环节越多，冷链断链的概率就越大，同时流通成本也会增大。于是有一些生鲜农产品销量大的大型商超会跨过中间商直接与产地农民或合作社采购或签订长期合同，大型商超可以自己建立冷库、冷链配送等冷链物流网络，也可以将冷链运输和贮藏委托给专业的第三方冷链物流公司。这种模式通常能够节省20%～30%的流通成本，在商超企业获得更多利润的同时，也使得生鲜农产品的市场竞争力大为提高，间接增加农民的收入。本书讨论的农产品冷链物流模式主要就是这种模式（如图3-5所示）。

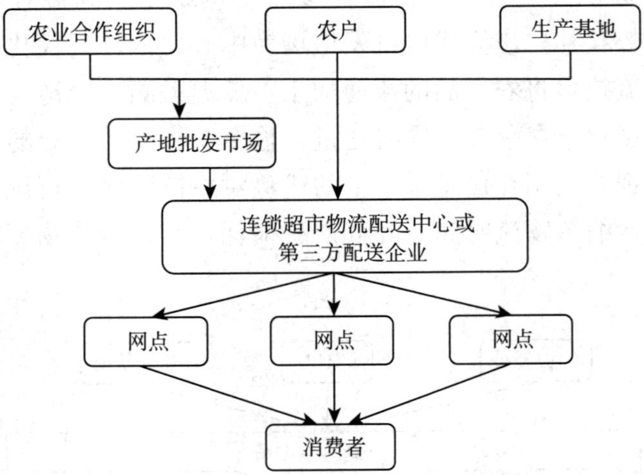

图 3-5　以连锁超市为核心的农产品冷链物流模式示意图

3.2　区域农产品冷链物流的概念

在物流研究的学术界和理论界，对区域这一概念并形成明确的定义，借用区域经济学中“区域”的概念，区域一般是指居民高度认同、地域完整、功能明确、内聚力强大的经济地域单元。在同一经济区域内，物流的发展往往具有相似性，这是因为在一个经济区域内，法律、规章、文化背景、科技装备水平条件都是一样或者相近的，这就使得一个区域内的物流发展模式、水平等有别于其他经济区域的特性（徐青青、缪立新，2006）。根据本书研究内容，区域物流可以认为是“指以某行政区域、经济区域或特定地域为活动范围，以一个经济相对发达的中心（一般为大中城市），以区域经济为基础，结合物流辐射的有效范围，将区域间及区域内部的物流活动进行有效集成的组织形式和物流形态”（王成金、韩增林，2005）。

一个区域的经济发展水平对该区域的物流通常具有决定性的作用，“区域经济为区域物流发展提供物质基础条件，经济越发达，区域物流发展的物质基础就越雄厚，同时对物流的需求也越大，区域物流发展就越快”（刘明菲、李兰，2007）。结合农产品冷链物流和区域物流的概念，本书将区域农产品冷链物流定义为：在特定的地理或经济区域范围内，农产品从生产地到最终消费地所发生的一切冷链物流活动的总和。

3.3　物流配送理论

3.3.1　配送与配送中心

配送从字面上来看，包含两层意思，“配”和“送”，是指配送服务企业按照与用户事先达成的协议，依据用户的需求信息在配送中心或其他物流节点进行分拣、备货，以规定的方式送达用户指定地点。配送不仅仅是传统意义上的送货，它还包括备货、拣货、选货、送货等多种物流活动组合，是现代商业专业化分工在货物流通领域的具体体现。

配送是一个活动、是一个过程，它是根据用户的要求，在物流节点内进行分拣、配货等活动，并将配好的货物以合适的方式送达收货人（客户）的过程。配送是物流活动中一种特殊、综合的过程，它将商品信息流与货物流紧密联系起来，既包含了商品信息流活动，也包含了实物转移等物流活动。

配送通常是整个物流过程的最后一个环节，但因为物流参与主体和物流服务对象不同，目标不同，其配送的具体方式可能完全不一样，从而出现了企业自营配送、联合配送（共同配送）和第三方物流配送等模式。

但不管是何种配送模式，配送都是由备货、理货和送货三个最基本的环节组成，其中每一个环节又由若干个具体的活动组成。配送作业的一般流程如图 3-6 所示。

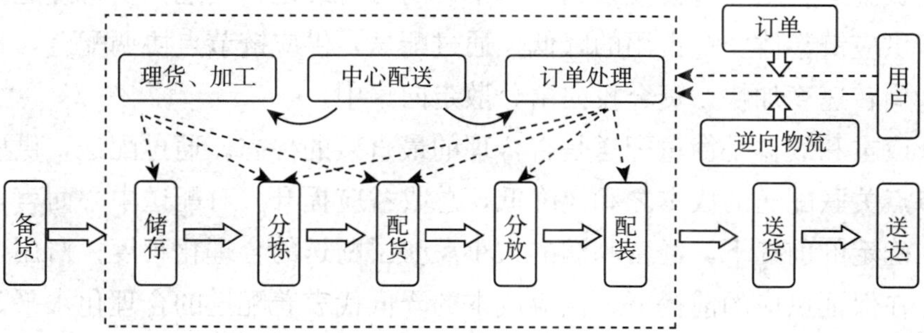

图 3-6　配送作业的一般流程示意图

配送是城市物流的重要组成部分，而城市配送往往依托配送中心来展开。配送中心是指物流企业从事货物准备（集货、初加工、分货、拣货、配货等）和开展为用户送货作业的现代化流通设施。配送中心一般符合以下要求：配送功能齐全，信息网络完善，货物品种多批量小，以配送为主、贮藏为辅。

城市配送中心的主要功能有贮藏功能、集货散货功能、分拣功能、加工功能、联系功能、信息收集和共享功能，其内部区域通常划分为接货区、贮藏区、分拣区、备货区、配装区、发货区、加工区和办公管理区等。

配送中心的主要经济收益来自于“统一进货、统一配送”，其运营目标是降低企业的物流总成本和缩短补货时间。

3.3.2 配送合理化

配送管理的主要目的是实现配送的合理化。配送是否合理化，一方面可从配送能否按照物流的标准在约定的时间将相应的货物送到准确的地点；另一方面可从库存标志、资金运转标志、成效标志、供应保障标志等角度去衡量。

库存集成是配送作业的重要优势。一般来说，配送应利用自身优势，将下游节点用户的分散库存集中在一起，发挥规模效益。这就必然要求配送中心的库存数量加上各个用户在实行货物配送后库存总量之和应少于实行配送前各用户库存量之和。因此，配送中心必须通过科学管理来实现确保供应前提下的低总量库存目标。

资金运转状况直接关系到配送中心的可持续运营问题，实行配送应有利于供应链整体资金占用的降低。通过配送，供应链节点协调配合，整个资金周转速度加快，资金投向由分散走向集中。

成本和效益是衡量配送是否合理的最直接的标志。通过配送，供应链各节点关联配送的成本之和应降低，总收益应提升。对配送中心而言，在投入确定的前提下，经营利润的大小反映了配送的合理化程度；对用户来说，在保证供应的前提下，供应成本的降低代表着配送的合理化水平。

供应保障问题直接关系到能否实现物流准时化。事实上，不论是消费者个人还是用户企业，均以供应保障程度来决定信赖度，供应保障程度的高低反映着配送中心的实力、声誉和合理化水平。因此，供应保障指标成为衡量配送合理化的重要标志。

3.3.3　配送质量管理

配送质量是指在配送活动过程中满足客户的各种相关要求和个性化服务的程度。配送质量包括配送货物质量、配送服务质量和配送工作质量等。配送质量管理就是对配送全过程进行计划、组织、领导和控制，力求为客户提供高满意度的服务。

配送货物质量是指是否具有合乎消费者需求的组成成分、特性、等级、大小规格以及外观等，一方面，它是在货物生产过程中形成的，配送的目标是转移和保护这些质量；另一方面，配送过程除了要保护质量及转移质量外，由于可能采用加工等手段从而改善和提高货物的质量。因此，配送过程在一定意义上说，也是货物质量的“形成过程”。

配送服务质量是配送质量的重要内涵。因为配送业务属于现代服务业的范畴，所以服务质量相对不同客户内容也会不一样，这就需要针对不同的客户掌握和了解他们各自的要求，即要保证货物本身的质量，也要通过理货和加工提高货物的质量、满足客户对货物批量及数量的要求、满足客户对配送额度交货期的要求、满足客户对配送与运输方式的要求、满足客户对成本水平及配送费用的要求等等的满足程度；以及相关服务（如信息提供、索赔及纠纷处理）的满足程度。由于在物流配送过程中服务质量和成本存在着“二律背反”定律，配送中心会秉承相关协议，积极、主动地推进服务质量提升。

配送工作质量是指在配送的各个环节、各个工作岗位具体工作的好坏。为实现总的配送质量，需要确定具体的工作要求，以质量指标的形式确定下来，这就是工作质量的目标。工作质量和服务质量是既有区别又有联系的两个不同的概念，工作质量是配送服务质量的保证和基础。

3.3.4　物流配送发展趋势

随着经济社会的转型和发展，物流配送呈现专业配送、入户配送、智慧配送等趋势。

专业配送的“专业”一般包含两个含义：一是配送的对象或者配送技术属于比较专业范畴，在某一专业领域有一定的综合性，综合这一专业领域的不同种货物进行配送，也就是按货物的专业性质组织的配送；二是以配送为专业职能，基本不从事经营的服务型配送企业，市场的竞争使专业配送正在走向规模化和集团化。

入户配送是既古老又新兴的一种方式，以前是因为“卖货郎”时代就是这种方式，说“新兴”是从配送服务“个性化”的角度来讨论，并已进一步延伸为“门到门”配送服务。

城市物流配送逐步走向智慧化。目前，智慧城市建设已成为中国大中城市的重要目标，智慧物流是智慧城市建设的重要内涵。因此，基于信息化平台，强化智能化管理已成为城市物流配送绩效提升的重要途径。

3.4 农产品冷链物流配送理论

从国内外冷链物流的实践来看，农产品冷链物流配送的发展历程，其实就是一个以点（冷库或冷藏配送中心）和线（冷藏配送线路）为基础，以制冷和冷藏保温技术为手段，以保证生鲜农产品品质安全、提高配送效率、降低冷链配送成本为目标，对其物流系统不断优化的过程。

农产品冷链物流配送系统主要从以下四个方面发展：一是基于优化理论，以提高配送服务能力和减少社会资源消耗为目标，从宏观层面优化冷链物流配送整体运作系统；二是基于整体冷链物流，考虑不同区域的特点、交通条件、气候条件等因素，规划建立冷链物流配送中心；三是在冷链物流网络节点（冷库、配送中心等）确定的基础上，考虑交通状况、客户需求等因素，以降低冷链物流配送成本为目标，为冷链物流配送选择最佳线路；四是在确定了冷链配送模式和冷链配送网络前提下，充分利用先进的冷藏技术、信息技术、大数据和管理手段等，确保生鲜农产品的品质和食品安全。农产品冷链物流配送理论框架图如图 3 - 7 所示。

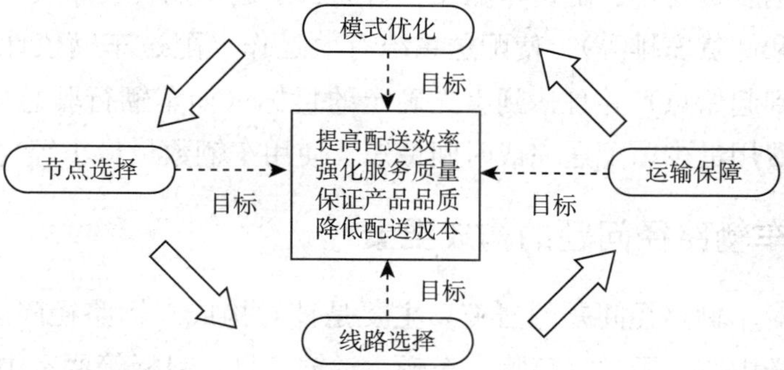

图 3-7 农产品冷链物流配送理论框架图

3.5 物流配送路径优化理论

3.5.1 车辆路径问题

物流配送路径优化问题，即车辆路径问题（Vehicle Routing Problem，VRP），是当前研究物流配送问题的主要关注点。它是指在配送中心、货物需求点、交通网络确定的基础上，在配送中心与货物需求点之间安排适当的车辆行使路线，在满足客户的货物需求量、配送车辆数量、配送车辆装载量和行驶里程限制、配送车辆发货时间、配送时间限制等约束条件下，以达到配送总费用最小、配送车辆行驶总里程最短、超出规定时间最小（违反时间窗惩罚成本最小）、使用配送车辆最少等目标。

3.5.2 车辆路径问题的描述

车辆路径问题（VRP）由两位著名的美国学者 Dantzig，G. 和 Ramser，J. 于 1959 年在一篇论文中首次提出。之后便引发学者对 VRP 研究热潮，将之广泛地应用在生活的各个领域，特别是物流领域，一提到物流配送，都会想到车辆路径问题。

对车辆路径问题（VRP）一般描述为：针对一系列送货点（客户需求点）或配送中心（取货点），在满足一定的约束条件下（如各客户的需求量限制、配送车辆数量限制、配送车辆容量限制、配送车辆装载量限制、行驶里程限制、发货量限制、交发货时间限制等），确定最优的配送策略（车辆装货安排、配送车辆发车时间、配送车辆行驶路线、配送车辆停留地点和卸货安排等），使配送系统有效运作（配送车辆依计划完成配送任务回到起始点）并且达到事先确定的目标（如车辆行驶总里程最短、消耗各种费用最少、配送完成时间最短、使用车辆数量最小等）。

3.5.3 车辆路径问题的构成要素

当前对车辆路径问题的研究，主要是针对构成车辆路径问题的道路、客户、配送中心、配送（集货）车辆、运输安排、目标等要素中的一个或多个要素组合进行分析研究。

（1）物流配送道路网络。这个要素是物流配送（货物运输）的基础，它构成车辆路径问题的一个核心要素。道路网络包含两层意思，一是配送车辆可以行驶通过的所有已存在的道路交通网络，另一层意思是配送车辆由配送中心出发，依次遍访所有客户点，最后再返回配送中心所形成的车辆行驶轨迹。

（2）配送中心。这个要素是每条车辆行驶路线的起点或终点，运输车辆通常是从配送中心对客户点进行货物配送，或者是从各个客户点集货到配送中心。特别地，有些 VRP 问题中，配送中心可能有多个，此时可按配送中心对配送或集货区域进行划分，将一个 VRP 问题细分成几个独立的 VRP 小问题，使每个小问题有唯一一个配送中心。

（3）客户点（货物需求点或供货点）。客户点就是代表现实当中货物配送的对象，也就是服务的个体，通常这种客户点具有以下属性：客户需求服务的时间段（即时间窗），如有些客户只是在特定的时间段内营业与收货；进行运送或收取的量（可能是具有不同种类的货物）；分为确定性的需求或不确定性的需求；但需求计划期或周期需求计划期；各个客户需求的优先顺序等。

（4）配送（集货）车辆。车辆只是个代称，可以是任何完成配送中心与客户点之间物流配送（或集货）的交通运输工具，车辆一般具有以下属性：载重量限制、车厢容积限制（运输货物数量限制）；车辆运输成本（含固定成本：运输工具的折旧以及司机等人员费用，可变成本：与运输量、运输距离、运输时间有关车辆耗能的费用）。

（5）运输安排。车辆的运输安排其实就是车辆装货、发货、车辆行驶路线的策略或方案。事实上，车辆运输安排往往根据所运送货物的性质，物流企业服务水平、客户需求和车辆的特点来决定。

（6）目标。目标车辆路径问题的另一个核心要素，它是车辆路径问题产生的原因，这个要素也是要根据具体问题具体考虑的，一般分为单目标与多目标。单目标的路径优化较为简单，比如考虑最小化运输总费用（总费用是由服务所有客户需要的车辆数及每辆车的运输成本）；考虑所需要的运输车辆最少（通过合理规划使得运输安排所需车辆数最少）；空载车总运行时间最少；总运输时间最短等。多目标的路径优化是指对车辆路径问题需要同时优化多个目标函数，如车辆运输成本、启用车辆数、时间成本、车辆驾驶和维护人员工资等同时需要降到最低。一般在实际配送车辆路径问题中，都是对多目标进行优化的，将多个目标量化成配送总成本，把实际问题转化为数学模型，合理假设、构建模型函数、求解，再返回到实际应用中。

3.5.4 车辆路径优化算法

在解决物流配送车辆路径问题中有很多成熟的算法在运用，但总的来说一般分为精确算法和近似算法两类。由于物流配送是由一个配送中心和多个客户形成的分布式二级供应链，可选方案近乎于无穷多个，使得车辆安排的问题特别复杂，在现在条件下，精确算法的计算量太大，不利于实际应用。所以车辆路径优化使用最多的还是近似算法，常用的近似算法包括蚁群算法、遗传算法、爬山算法、节约算法、模拟退火算法、禁忌搜索算法等。

3.6 协同理论

协同理论（企业协同战略）是由美国战略管理学家 H. Igor Ansoff 在 1965 年首次向公司经理们提出的协同战略理念。协同理论强调合理处理整体与部分之间的关系，认为系统各组成部分如果能够相互配合和激励就可能“1＋1＞2”，使得整体价值大于各部分价值之和。日本学者伊丹广之也认为“协同战略就是企业通过对隐性资源的使用获得协同效果的一种企业战略”，协同能够最大程度地汇集和发挥现有资源的效能，带来倍增的效益。

农产品冷链物流也是一个综合性、系统性的过程，它的高效运作需要物流主体、物流客体、物流载体等一系列要素的密切协作和配合，缺少其中任何一项，冷链物流可能都无法实现其原先计划的目标。从另一个角度来看，农产品冷链物流涉及了农产品采摘（屠宰）、预冷、初加工、冷藏（冻）、低温运输、冷链配送等一系列活动，其实也是一个“从田间到餐桌”的连续性、看似相互独立却紧密联系的经济活动序列，所以需要各个部分（环节）紧密协同配合才能实现农产品的快速集货、调拨和配送，进而降低总体经营成本，提高农产品的价格竞争力。宏观上，在经济全球化的大背景下，各个物流组织之间也只有相互配合、统一协调，共同整合和利用有限的物流资源协同发展，降低成本、提升冷链物流业的整体效益，提高农产品的国际竞争力。因此，利用协同理论做好区域农产品冷链物流资源的协同利用、共同开发不断扩大的农产品冷链物流业规模，对于参与国际竞争具有重要作用。

3.7 本章小结

农产品冷链物流是指使肉、禽、蛋、奶、水产、蔬菜、水果等生鲜农产品从生产地采摘（屠宰或捕捞）后，使这些生鲜产品在加工、贮藏、运输、销售等环节始终在合适的低温环境下，能尽可能地保证农产品质量与安全，减少损耗和防止产品污染的一个特殊供应链系统。农产品冷链物流在物流体系中的地位和作用极其重要，对技术和环境要求较高，其目标也比较特殊。农产品冷链物流一般由五个部分构成，主要包括农产品的采摘及预冷、冷藏加工、冷藏（冻）、冷藏运输及配送、冷藏（冻）销售五个环节。和一般的物流相比，由于物流运营的对象不同，农产品冷链物流还具有投资大，技术含量高，监控困难；生鲜农产品的全程冷链；冷链对学科、行业的跨度大；必须遵循“3T”原则等特点。

中国农产品冷链物流模式基本上包含以加工企业为核心、以第三方

（3PL）物流企业为核心、以批发市场为核心、以大型连锁超市为核心等四种模式。农产品冷链物流对于一个国家的农业经济发展、农民农村发展和社会稳定至关重要，是一个国家或地区整个物流体系中重要的组成部分，农产品冷链物流体系的目标和整个物流体系的总目标是一致的，都是为了降低物流总成本、提高服务顾客水平。农产品冷链物流体系主要由原料前处理、预冷、速冻、冷藏、运输和销售等环节构成。

配送和配送中心是物流配送的主要活动和关键因素，配送合理化、配送质量管理和配送发展趋势是物流配送理论的主要内容。农产品冷链物流配送的发展方向主要是基于优化理论，以提高配送服务能力和减少社会资源消耗为目标，从宏观层面优化冷链物流配送整体运作系统；基于整体冷链物流，考虑不同区域的特点、交通条件、气候条件等因素，规划建立冷链配送中心；基于明确的冷链物流网络节点，考虑交通状况、客户需求等因素，以降低冷链配送成本为目标为冷链配送选择最佳线路；基于确定的冷链配送模式和冷链配送网络，充分利用先进的冷藏技术、信息技术、大数据和管理手段等，确保生鲜农产品的品质和食品安全。

物流配送路径优化问题就是车辆路径问题。它是指在配送中心、货物需求点、交通网络确定的基础上，在配送中心与货物需求点之间安排适当的车辆行使路线，在满足客户的货物需求量、配送车辆数量、配送车辆装载量和行驶里程限制、配送车辆发货时间、配送时间限制等约束条件下，以达到配送总费用最小、配送车辆行驶总里程最短、超出规定时间最小（违反时间窗惩罚成本最小）、使用配送车辆最少等目标。车辆路径问题的研究，主要是针对道路网络、客户、配送中心、车辆、运输安排要求、目标等因素进行探讨。车辆路径优化算法有很多种算法，但通常分为精确算法和近似算法两类。

协同理论强调合理处理整体与部分之间的关系，认为系统各组成部分如果能够相互配合和激励就可能“1＋1＞2”，使得整体价值大于各部分价值之和。

第 4 章

CHAPTER 4

大数据在农产品冷链物流配送中的应用

4.1 大数据的概念

大数据是一个较为抽象的概念，目前在学术界还没有确切和统一的定义。在维基百科中关于大数据的定义为：大数据是指利用常用软件工具来获取、管理和处理数据所耗时间超过可容忍时间的数据集①。IDC 在对大数据作出的定义为：大数据一般会涉及两种或两种以上数据形式。它要收集超过 100TB 的数据，并且是高速、实时数据流；或者是从小数据开始，但数据每年会增长 60% 以上②。这个定义给出了量化标准，但只强调数据量大、种类多、增长快等数据本身的特征。研究机构 Gartner 给出了这样的定义：大数据是需要新处理模式才能具有更强的决策力、洞察发现力和流程优化能力的海量、高增长率和多样化的信息资产③。

虽然在定义上没有形成共识，但大家普遍赞同大数据是指用现有技术难以在可接受的时间内管理、处理和分析的数据集。广义上，大数据包含三层内涵：一是数据量巨大、来源多样和类型多样的数据集；二是新型的数据管理和分析技术；三是运用数据分析形成新价值。

当前，较为统一的认识是大数据有四个基本特征：数据规模大（Volume），数据种类多（Variety），数据要求处理速度快（Velocity），数据价值密度低（Value），即所谓的四 V 特性。这些特性使得大数据区别于传

① Big data，http：//en. Wikipedia. org/wiki/Big _ data.

② Benjamin Woo Worldwide Big Data Technology and Services 2012—2015 Forecast. 2012. 5.

③ Big data，http：//www. Gartner. com/it-glossary/big-data.

统的数据概念。大数据的概念与“海量数据”不同，后者只强调数据的量，而大数据不仅用来描述大量的数据，还更进一步指出数据的复杂形式、数据的快速时间特性以及对数据的分析、处理等专业化处理，最终获得有价值信息的能力。

4.2　大数据在农产品冷链物流配送中应用

大数据环境下农产品冷链物流配送流程如图4-1所示。图中包含配送方、冷藏车、客户、冷链配送管理信息系统、公共数据云等要素。配送方（可以是制造商、零售商、第三方物流企业等）派送冷藏车将农产品运送至客户。在这一过程中，配送方利用冷链配送管理信息系统通过公共数据云获取实时路况、天气、客户需求实时分析预测等信息来管理和指挥在途车辆进行配送，同时客户也可通过此平台对车辆和货物进行查询并反馈信息。车辆将路况、温湿度、司机状况反馈给配送管理信息系统。而此时，客户、车辆甚至配送方的数据和信息也将被公共数据云收集。

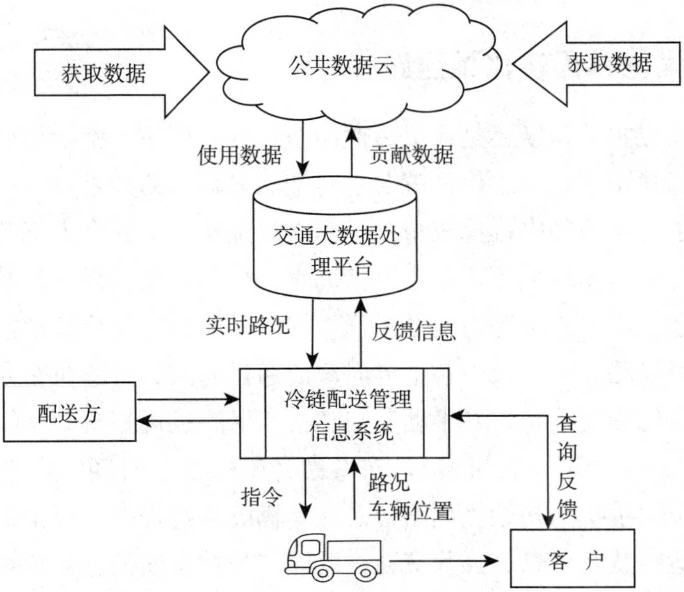

图4-1　大数据环境下冷链物流配送流程图

4.2.1 管理和监控冷藏配送车辆

农产品冷链物流配送管理信息系统依托公共云数据管理和监控冷藏配送车辆。配送前，通过将企业内部信息与行业数据相结合，与其他企业合作，建立冷藏车辆信息库（载重、容量、存储条件等），通过对车辆信息库的管理，可对冷藏车进行合理安排和及时调度，避免冷藏车的无效运输，提高运输效率。在此基础上为每辆车及对应的司机建立“身份证”，通过“一车一证”可准确核查冷藏车和司机身份的真伪，有效制止骗车骗货现象的发生，保证货物安全。配送中，对车辆运行状况进行实时监控，包括冷藏车厢的温度、湿度、光照、烟雾，车辆行驶路径，停车或者行驶时间，装卸货信息等，也可以计算驾驶员急加速、急刹车的次数，经济转速区行驶时间等信息（郭双盈等，2014），并通过车载终端将实时数据传送至大数据分析平台供配送方和客户对货物和冷藏车进行追踪，以免在出现意外时第一时间做出反应，降低损失。配送完成后，可通过大数据分析平台共享的信息收集目的地附近的货物，捎带返回顺路的货物，避免车辆返空，提高配送车辆利用率。

4.2.2 优化和再优化配送路径

无论从成本的角度还是从保障产品质量的角度讲，都要尽可能快地将冷藏产品运送至客户手中，这就要求对配送车辆的路径进行合理规划。目前我国冷链配送路径安排比较粗放，基本靠配送人员的个人感知来确定行驶路线。在大数据环境下，企业可借助来自公共数据云提供的基础数据如天气、交通、实时路况等为配送车辆规划合理路径，这些基础数据涉及城市配送中每段路径在一天中各细分时段的通过时间、各路段交通事故的发生概率等基础交通信息，基于动态与随机车辆路径规划模型（Off line dynamic vehicle routing problem），在考虑各配送任务时间窗的情形下，快速生成各配送批次的初始优化路径。在车辆配送过程中，根据途中车辆实时反馈的运行状态信息、公共交通云反馈的公共交通信息，依赖在线的动态车辆路径优化模型（Online dynamic vehicle routing problem），做出在途实时的路径调整安排，保证获取实时状态下较优的配送路径安排（邱晗光等，2014）。

4.2.3 预判发货和预判到达

2013年亚马逊申请了一项名为“预判发货”的专利，即通过对用户行为数据（顾客此前的订单、商品搜索记录、心愿单、购物车，甚至包括用户鼠标在某商品页面的停留时间等）的分析，预测顾客的购买行为，在顾客下单之前提前发出包裹，最大程度地缩短物流时间，这为其他企业提供了模仿的典范。企业可利用大数据分析平台，收集分析有关客户消费行为（购买时间和次数，冷冻产品数量、品类等）的数据，建立消费行为与时间段的联系，在消费旺季或高峰时间段来临前，提前按一定的比率将产品运送至消费地附近，待消费高峰期到来时，可用最短的时间来满足消费者的需求，避免短缺货现象发生，同时也保障了产品质量。这对于具有固定消费时间段和需要冷藏保鲜的产品尤为有效，如月饼、粽子、生鲜果蔬、肉类等。

而“预判到达”则是指通过大数据平台对冷链配送相关历史数据（如冷藏配送车辆到达后对客户的平均等待时间、在目的地的装卸货时间、与客户的交接时间等）的分析，在车辆到达前的一定时间提前通知客户收货，保障冷冻产品从“冷藏车”转移到“冷柜”的过程中没有断链，避免车辆等待客户或客户等车的现象，节省双方的时间成本。如果客户经常要求延迟收货，配送方甚至可将这类产品放至下一批配送货物中，减少目的地仓库的库存。同时，若配送车辆在途中出现天气恶劣、交通事故等意外情况，及时通过大数据分析平台传送信息到配送方和客户，更新到货收货时间。

4.3 大数据的获取及成本分析

冷链物流大数据思维通常是将企业内部数据与行业数据有效结合，依托大数据分析，建立共同配送中心，并为共配中心配置统一的信息平台，将各独立的配送网点进行整合，利用Internet和物联网等技术，综合提高配送车辆利用率，杜绝冷链断链问题的出现，实现零货损。同时解决交错运输的问题，提高配送的合理化和高效化水平，提升配送的有序性，配送系统能够满足农产品“多品种、小批量、多批次、短周期”的流通特点。

大数据环境下农产品冷链物流配送最直接的可视化数据就是路径优化中需要的冷链配送车辆实时状态、配送道路实时路况、客户动态需求预测等信息。

冷链配送车辆的温湿度、司机状态等数据可以由配送中心信息平台通过配送系统传感器直接采集获取，除硬件和信息平台系统一次性投入外，无需额外成本。

对于配送所经城市道路的实时路况（拥堵）信息，最为便捷的获取途径是各类地图、道路交通信息大数据平台。而从这些平台获取城市道路的实时路况（拥堵）数据，大部分平台都是免费或是以极低成本共享的。如百度地图开放平台，免费提供一套支持 PC 端和移动端的 API 接口，该套 API 免费对外开放，无使用次数限制，任何非营利性应用可直接使用①；高德地图开放平台亦“将高德最专业的定位、地图、搜索、导航等能力，以 API、SDK 等形式向广大开发者免费开放”②；聚合数据平台提供的实时路况查询接口服务费用也仅是人民币 100 元/5 000 次③，数据获取成本很低。

通过大数据分析客户动态需求，并对需求进行及时有效地预测。此类信息的获取一般需要专业的数据服务公司提供专门的解决方案。在此类应用中，重点是如何应用大数据更好地了解客户以及他们的爱好和行为。企业非常喜欢搜集社交方面的数据、浏览器的日志、分析出文本和传感器的数据，为了更加全面地了解客户。在一般情况下，建立出数据模型进行预测。比如美国的著名零售商 Target 就是通过大数据分析，得到有价值的信息，甚至精准地预测到客户在什么时候想要小孩④。京东慧眼也是一个成功的案例，通过大数据进行市场分析，知道哪些地区卖哪些产品；进行

① http：//lbsyun. baidu. com/，百度地图开放平台 .

② http：//lbs. amap. com/，高德地图开放平台 .

③ https：//www. juhe. cn/，聚合数据平台 .

④ http：//www. raincent. com/content-10-1817-1. html，2015，大数据时代：九个大数据应用领域 .

用户分析，确定哪些商品卖给哪些人；进行商品属性分析，确定怎样描述一个商品，人们才爱买；进行用户消费趋势分析，能够提前了解用户的消费需求。此类客户动态需求预测信息需要数据服务商制定专门的解决方案，数据的获取成本需在个案中确定。但相信随着大数据应用的不断普及，此类解决方案的成本将迅速降低。

4.4　本章小结

大数据在定义上目前没有形成共识，但普遍认为大数据是指用现有技术难以在可接受的时间内管理、处理和分析的数据集。大数据具有数据规模大、数据种类多、数据要求处理速度快、数据价值密度低等四个特性。

大数据在农产品冷链物流配送中应用主要有：在大数据基础上利用农产品冷链物流配送管理信息系统管理和监控冷藏配送车辆；优化和再优化农产品冷链物流配送路径；在农产品冷链配送过程中根据大数据分析消费者行为习惯预判发货和预判到达。

对于冷链配送所需的城市道路实时路况（拥堵）信息，可以从各类电子地图、道路交通信息大数据平台以极低成本或免费共享的。对于用户消费趋势分析需要数据服务商制定专门的解决方案，但随着大数据应用的不断普及，此类解决方案的成本必将越来越低。

第 5 章

CHAPTER 5

区域农产品冷链物流发展影响因素分析

影响农产品冷链物流发展的因素很多，而且各因素间也会相互作用。而来自农产品冷链物流行业的从业者及相关利益者，他们更贴近市场、更了解农产品冷链物流发展的真实情况，明白农产品冷链物流行业真实需求。为了探究中国影响农产品冷链物流发展的主要因素，本研究从供应链的角度出发，通过查阅文献、实地调研的方法，在借助众多专家学者研究成果的基础上，以微观视角，设计了“区域农产品冷链物流及配送”调查问卷（见附录），主要调查生鲜农产品冷链物流行业从业者及利益相关者。运用 SPSS 软件对调查结果进行处理分析，用因子分析法对区域农产品冷链物流发展的影响因素进行验证性因素分析。

5.1 研究方法与数据来源

为了反映农产品冷链物流各方利益相关者对区域农产品冷链物流发展影响因素的客观评价，在研究过程中，通过对熟悉农产品冷链物流状况、受到农产品冷链物流影响的行业从业人员及专业人士、与农产品冷链物流行业利益相关的农产品生产企业、加工企业、消费者等进行问卷调查并获取第一手数据。利用 SPSS 软件对调查结果数据进行处理，采用因子分析法对影响农产品冷链物流发展的因素进行分析与研究。

5.1.1 因子分析法

因子分析是一种通过显性变量评估隐性变量、通过具体因子评估抽象因子的统计分析方法，它的基本思想是将实际测量的多个指标，用少数几个典型隐性指标（因子）的线性组合来表示。因子分析主要应用在两个方面：一是建立具体指标（因子）与抽象因子的基本结构，简化观测系统；二是对变量或是样本进行分类。

在对变量进行因子分析之前，一般先进行 KMO（Kaiser-Meyer-Olkin）因子分析及巴氏球形因子分析（Bartlett Test of Sphericity），以确定数据的分析效果，判断是否可以进一步进行因子分析。当 KMO 值越高时表示进行因子分析效果越好，一般要求 KMO>0.7。

在变量中抽取因子的主要方法有：主成分、广义最小二乘法、未加权最小平方法、最大似然法等，但以主成分最为简单，也最为常用。

至于应缩减为几个因子，H. Kaiser 所倡导的方法是以能解释的方差数（特征值）达 1.0 为选取标准，自动判断应缩减为几个因子，这是最常用的判断方法。

至于因子分析的结果一般很难加以解释，因此，必须将各因子轴加以旋转。常用的因子转轴方法有“直交转轴”（orthogonal rotation）与“斜交转轴”（oblique rotation），前者让轴和轴均维持 90 度的关系，各轴互相独立。

5.1.2　问卷调查与样本

为了客观反映农产品冷链物流行业从业者与利益相关者对农产品冷链物流发展的认识与评价，本研究借助国家自然科学基金 2016 年资助项目“农产品冷链物流生态系统演化机理研究”（71672013）课题组在四川省实地调研之机，向四川省 15 个市州 87 家农产品加工和物流企业的管理层发放了 120 份调查问卷，同时，向广西壮族自治区南宁市及国家“南菜北供”主要基地百色市的部分冷链物流企业、农产品生产与加工销售企业、生鲜连锁超市及部分消费者发放了 150 份调查问卷，问卷发放方式包括当面递交面访调查和邮寄问卷调查。共发放调查问卷 270 份，收回有效问卷 227 份，调查样本行业分布如表 5-1 所示。

表 5-1 调查样本行业分布

行 业	样本	
	样本量	占比（%）
物流企业	86	37.88
农产品生产加工企业	77	33.92
生鲜零售、餐饮企业	51	22.47
其他	13	5.73
合计	227	100

5.2 调查数据因子分析

在调查收回的227份有效问卷上用SPSS20.0对数据进行因子分析。对问卷中涉及区域农产品冷链物流发展因素的30个问题分别定义成变量，每一份问卷作为一个样本，逐一排查每个变量直至因子分析时所有变量的相关系数矩阵为正定矩阵为止，确定了23个问题（变量）作为分析指标，如表5-2所示。

表 5-2 区域农产品冷链物流发展因素分析指标

序号	题号	指 标
1	Q01	先进冷链技术的应用促进了冷链物流的发展
2	Q02	信息技术的运用在冷链物流及配送中非常重要
3	Q03	冷链物流共同配送有利于节约配送成本
4	Q05	超市规模越大的地区冷链物流发展就越好
5	Q06	当前农产品冷链物流的市场化、专业化程度不高
6	Q07	道路和城市拥堵问题影响了冷链物流及配送
7	Q08	互联网和大数据的应用降低了冷链物流的成本
8	Q09	对目前国家出台的促进冷链物流发展的政策很满意
9	Q10	农产品保鲜技术的应用降低了冷链物流成本
10	Q11	应当制定更加完善的冷链物流行业标准
11	Q12	城市冷链物流配送“最后一公里”制约了冷链物流的发展
12	Q13	消费者更愿意购买未经冷藏“加工”过的“原生态”的农产品
13	Q14	地区物流体系的完整性影响冷链物流的发展
14	Q15	物流管理和技术人才比较紧缺
15	Q16	物流管理水平对农产品冷链配送影响较大
16	Q18	消费者对农产品新鲜度、营养价值、样式需求的不断提高促进了冷链物流发展
17	Q19	政府应该建立统一物流信息平台
18	Q20	冷库不足和布局不合理影响冷链物流及配送
19	Q21	冷链物流上下游企业信息获取很重要
20	Q22	政府应该制定农产品冷链流通的强制标准
21	Q24	中国冷链物流发展潜力巨大
22	Q25	冷链农产品供应链上下游企业缺乏统一的协调和整合
23	Q26	冷链物流相关的法律法规亟待完善

表5-3　区域农产品冷链物流发展因素分析指标相关矩阵

	Q01	Q02	Q03	Q05	Q06	Q07	Q08	Q09	Q10	Q11	Q12	Q13	Q14	Q15	Q16	Q18	Q19	Q20	Q21	Q22	Q24	Q25	Q26
Q01	1.000	0.542	0.133	0.024	0.146	−0.181	0.715	0.150	0.844	0.153	−0.091	−0.322	0.951	0.066	0.150	−0.057	0.671	−0.106	0.455	0.243	0.352	−0.130	0.209
Q02	0.542	1.000	0.031	0.100	0.087	−0.116	0.395	−0.010	0.492	−0.089	−0.150	−0.277	0.561	0.029	0.022	−0.281	0.336	−0.026	0.389	0.122	−0.029	−0.181	0.135
Q03	0.133	0.031	1.000	0.800	0.594	0.122	0.186	0.387	0.109	0.307	0.054	−0.109	0.127	0.347	0.452	0.005	0.084	0.047	0.053	0.147	0.209	0.189	0.371
Q05	0.024	0.100	0.800	1.000	0.424	0.102	0.091	0.260	0.092	0.163	−0.010	0.013	0.043	0.258	0.380	−0.086	−0.003	0.051	0.032	−0.040	0.125	0.164	0.320
Q06	0.146	0.087	0.594	0.424	1.000	0.163	0.163	0.579	0.075	0.362	0.102	−0.138	0.117	0.180	0.145	−0.066	0.131	0.107	0.038	0.295	0.224	0.019	0.390
Q07	−0.181	−0.116	0.122	0.102	0.163	1.000	−0.074	0.124	−0.042	0.073	0.341	0.374	−0.198	0.273	0.191	0.348	−0.001	0.427	0.165	0.189	0.251	0.202	0.126
Q08	0.715	0.395	0.186	0.091	0.163	−0.074	1.000	0.202	0.758	0.245	−0.037	−0.189	0.696	0.072	0.216	0.068	0.764	0.040	0.523	0.216	0.360	0.000	0.287
Q09	0.150	−0.010	0.387	0.260	0.579	0.124	0.202	1.000	0.128	0.257	0.204	−0.224	0.090	0.179	0.294	0.020	0.180	0.052	0.075	0.241	0.324	0.009	0.370
Q10	0.844	0.492	0.109	0.092	0.075	−0.042	0.758	0.128	1.000	0.104	−0.129	−0.270	0.833	0.060	0.170	−0.048	0.724	−0.019	0.473	0.108	0.369	−0.020	0.217
Q11	0.153	−0.089	0.307	0.163	0.362	0.073	0.245	0.257	0.104	1.000	0.038	0.078	0.120	0.137	0.339	0.143	0.064	0.195	0.137	0.312	0.182	0.302	0.352
Q12	−0.091	−0.150	0.054	−0.010	0.102	0.341	−0.037	0.204	−0.129	0.038	1.000	0.227	−0.069	0.180	0.086	0.518	−0.054	0.469	0.009	0.282	0.311	0.142	−0.091
Q13	−0.322	−0.277	−0.109	0.013	−0.138	0.374	−0.189	−0.224	−0.270	0.078	0.227	1.000	−0.286	0.152	0.085	0.357	−0.134	0.222	0.050	0.108	0.089	0.328	0.100
Q14	0.951	0.561	0.127	0.043	0.117	−0.198	0.696	0.090	0.833	0.120	−0.069	−0.286	1.000	0.042	0.118	−0.003	0.664	−0.037	0.478	0.227	0.374	−0.114	0.213
Q15	0.066	0.029	0.347	0.258	0.180	0.273	0.072	0.179	0.060	0.137	0.180	0.152	0.042	1.000	0.790	0.131	0.093	0.126	0.204	0.275	0.043	0.284	0.145
Q16	0.150	0.022	0.452	0.380	0.145	0.191	0.216	0.294	0.170	0.339	0.086	0.085	0.118	0.790	1.000	0.146	0.171	0.116	0.318	0.282	0.086	0.338	0.188
Q18	−0.057	−0.281	0.005	−0.086	−0.066	0.348	0.068	0.020	−0.048	0.143	0.518	0.357	−0.003	0.131	0.146	1.000	0.060	0.290	0.162	0.232	0.351	0.152	−0.047
Q19	0.671	0.336	0.084	−0.003	0.131	−0.001	0.764	0.180	0.724	0.064	−0.054	−0.134	0.664	0.093	0.171	0.060	1.000	0.092	0.566	0.270	0.459	0.001	0.294
Q20	−0.106	−0.026	0.047	0.051	0.107	0.427	0.040	0.052	−0.019	0.195	0.469	0.222	−0.037	0.126	0.116	0.290	0.092	1.000	0.148	0.233	0.173	0.124	0.125
Q21	0.455	0.389	0.053	0.032	0.038	0.165	0.523	0.075	0.473	0.137	0.009	0.050	0.478	0.204	0.318	0.162	0.566	0.148	1.000	0.270	0.404	0.149	0.239
Q22	0.243	0.122	0.147	−0.040	0.295	0.189	0.216	0.241	0.108	0.312	0.282	0.108	0.227	0.275	0.282	0.232	0.270	0.233	0.270	1.000	0.274	0.185	0.409
Q24	0.352	−0.029	0.209	0.125	0.224	0.251	0.360	0.324	0.369	0.182	0.311	0.089	0.374	0.043	0.086	0.351	0.459	0.173	0.404	0.274	1.000	0.259	0.286
Q25	−0.130	−0.181	0.189	0.164	0.019	0.202	0.000	0.009	−0.020	0.302	0.142	0.328	−0.114	0.284	0.338	0.152	0.001	0.124	0.149	0.185	0.259	1.000	0.298
Q26	0.209	0.135	0.371	0.320	0.390	0.126	0.287	0.370	0.217	0.352	−0.091	0.100	0.213	0.145	0.188	−0.047	0.294	0.125	0.239	0.409	0.286	0.298	1.000

5.2.1 效度检验

首先建立23个指标（变量）之间的相关矩阵，如表5-3所示，从表中可以看出各指标间相关程度比较高，适合做因子分析。

再对变量进行KMO取样适当性因子分析及巴氏球形因子分析，结果如表5-4所示。

表5-4 KMO和Bartlett的检验结果

KMO		0.728
Bartlett 球形度检验	近似卡方	3 377.538
	df	253
	Sig.	0.000

从表5-4 KMO和Bartlett的检验结果显示KMO的值为0.728，Bartlett球形检验的卡方值为3 377.538（自由度253），达到显著水平（$p=0.000<0.001$），说明原变量间存在相关关系，表明数据适合做因子分析。

5.2.2 区域农产品冷链物流发展影响因素分析

首先求各变量相关系数矩阵的特征值，即整体解释的总方差，如表5-5所示。

表5-5 区域农产品冷链物流发展影响因素解释的总方差

成分	初始特征值			提取平方和载入			旋转平方和载入		
	合计	方差的%	累积 %	合计	方差的%	累积 %	合计	方差的%	累积 %
1	5.721	24.874	24.874	5.721	24.874	24.874	5.067	22.031	22.031
2	3.840	16.693	41.568	3.840	16.693	41.568	2.479	10.780	32.811
3	2.486	10.807	52.375	2.486	10.807	52.375	2.149	9.346	42.157
4	1.587	6.901	59.276	1.587	6.901	59.276	2.103	9.144	51.301
5	1.275	5.546	64.821	1.275	5.546	64.821	1.914	8.321	59.622
6	1.097	4.771	69.593	1.097	4.771	69.593	1.678	7.297	66.919
7	1.060	4.609	74.202	1.060	4.609	74.202	1.675	7.283	74.202
8	0.840	3.652	77.853						

（续）

成分	初始特征值			提取平方和载入			旋转平方和载入		
	合计	方差的%	累积 %	合计	方差的%	累积 %	合计	方差的%	累积 %
9	0.729	3.170	81.024						
10	0.663	2.884	83.907						
11	0.556	2.418	86.325						
12	0.534	2.320	88.645						
13	0.462	2.011	90.655						
14	0.425	1.848	92.503						
15	0.389	1.690	94.193						
16	0.314	1.365	95.558						
17	0.249	1.082	96.639						
18	0.233	1.015	97.654						
19	0.160	0.694	98.348						
20	0.148	0.642	98.990						
21	0.098	0.424	99.415						
22	0.097	0.423	99.838						
23	0.037	0.162	100.000						

注：提取方法：主成分分析

从表 5-5 看到，依据特征值大于 1 的标准选取共同因子的原则，从 23 个指标（变量）中选取 7 个主成分因子，这 7 个主成分因子共可解释全部方差的 74.202%。说明前 7 个主成分已经包含了所有指标信息的 74.202%，因此取前 7 个特征值并计算出相应的特征向量。

其次，求相关矩阵的特征向量，如表 5-6 所示。

表 5-6　未转轴的成分矩阵

	成分						
	1	2	3	4	5	6	7
Q01	0.807	−0.453	0.069	−0.004	0.056	−0.043	−0.099
Q02	0.475	−0.448	−0.075	0.132	0.213	−0.100	0.500
Q03	0.439	0.440	−0.603	−0.016	0.128	0.278	−0.048
Q05	0.308	0.370	−0.596	0.098	0.132	0.482	0.119
Q06	0.416	0.352	−0.493	−0.442	0.038	−0.089	0.119
Q07	0.089	0.587	0.305	−0.035	0.181	0.168	0.350
Q08	0.804	−0.260	0.126	0.003	−0.050	0.062	−0.093

（续）

	成分						
	1	2	3	4	5	6	7
Q09	0.415	0.317	−0.347	−0.443	0.118	−0.183	−0.187
Q10	0.791	−0.408	0.115	0.071	0.032	0.155	−0.038
Q11	0.366	0.379	−0.131	−0.061	−0.417	−0.270	−0.166
Q12	0.057	0.511	0.431	−0.326	0.405	−0.042	−0.097
Q13	−0.176	0.500	0.414	0.245	−0.275	0.197	0.188
Q14	0.797	−0.448	0.120	−0.003	0.057	0.017	−0.056
Q15	0.316	0.490	−0.099	0.562	0.345	−0.240	−0.088
Q16	0.444	0.474	−0.169	0.572	0.218	−0.189	−0.216
Q18	0.092	0.450	0.585	−0.118	0.125	0.108	−0.325
Q19	0.771	−0.254	0.246	−0.008	−0.050	0.077	−0.013
Q20	0.139	0.450	0.371	−0.184	0.190	−0.034	0.420
Q21	0.642	−0.035	0.332	0.245	−0.036	0.049	0.159
Q22	0.451	0.339	0.187	−0.113	−0.129	−0.565	0.125
Q24	0.556	0.230	0.314	−0.319	−0.135	0.337	−0.218
Q25	0.143	0.510	0.088	0.343	−0.464	0.124	−0.101
Q26	0.510	0.283	−0.224	−0.098	−0.503	−0.055	0.302

注：①提取方法：主成分分析；②已提取了 7 个成分。

再将各因子轴以最大方差法加旋转，得到 7 个主成分旋转的成分矩阵，如表 5－7 所示。

表 5－7　旋转成分矩阵

	成分						
	1	2	3	4	5	6	7
Q01	0.893	0.015	0.116	−0.147	0.057	−0.028	−0.197
Q02	0.569	0.017	−0.060	0.151	0.046	−0.584	−0.247
Q03	0.074	0.859	0.193	−0.004	0.256	0.040	0.008
Q05	0.027	0.894	−0.046	0.041	0.173	−0.106	0.126
Q06	0.041	0.604	0.550	0.148	−0.028	−0.017	−0.259
Q07	−0.067	0.163	0.003	0.723	0.105	0.128	0.220
Q08	0.839	0.085	0.155	−0.060	0.043	0.064	−0.005
Q09	0.082	0.438	0.531	0.038	0.079	0.247	−0.350
Q10	0.905	0.092	−0.019	−0.085	0.023	−0.028	−0.041

（续）

	成分						
	1	2	3	4	5	6	7
Q11	0.077	0.125	0.669	−0.089	0.148	0.137	0.236
Q12	−0.074	−0.022	0.067	0.598	0.124	0.562	−0.178
Q13	−0.211	−0.113	−0.040	0.393	0.047	0.120	0.658
Q14	0.904	0.015	0.068	−0.093	0.022	−0.027	−0.158
Q15	0.044	0.164	0.086	0.169	0.883	0.008	0.076
Q16	0.150	0.246	0.164	0.018	0.877	0.069	0.154
Q18	0.054	−0.134	−0.001	0.370	0.125	0.706	0.165
Q19	0.841	0.010	0.118	0.048	−0.005	0.059	0.033
Q20	0.013	0.002	0.133	0.764	0.018	0.065	0.044
Q21	0.673	−0.051	0.055	0.241	0.190	−0.053	0.241
Q22	0.208	−0.176	0.689	0.332	0.239	0.020	−0.007
Q24	0.490	0.232	0.188	0.203	−0.181	0.547	0.202
Q25	−0.033	0.110	0.235	0.010	0.232	0.155	0.707
Q26	0.242	0.331	0.625	0.106	−0.091	−0.232	0.340

注：①提取方法：主成分分析，旋转法：具有 Kaiser 标准化的正交旋转法；②旋转在 12 次迭代后收敛。

表 5－7 中底纹部分为因子载荷量绝对值大于 0.5 的为高载荷指标，据此，区域农产品冷链物流发展影响因素主成分分析结果如表 5－8 所示。

表 5－8　农产品冷链物流发展影响因素主成分分析结果

因子	因子命名	题号	高载荷变量	因子载荷量	特征值	解释方差量（%）
因素一	行业技术因素	Q01	先进冷链技术的应用促进了冷链物流的发展	0.893	5.721	24.874
		Q02	信息技术的运用在冷链物流及配送中非常重要	0.569		
		Q08	互联网和大数据的应用降低了冷链物流的成本	0.839		
		Q10	农产品保鲜技术的应用降低了冷链物流成本	0.905		
		Q14	地区物流体系的完整性影响冷链物流的发展	0.904		
		Q19	政府应该建立统一物流信息平台	0.841		
		Q21	冷链物流上下游企业信息获取很重要	0.673		

（续）

因子	因子命名	题号	高载荷变量	因子载荷量	特征值	解释方差量（%）
因素二	经济因素	Q03	冷链物流共同配送有利于节约配送成本	0.859	3.840	16.693
		Q05	超市规模越大的地区冷链物流发展就越好	0.894		
		Q06	当前农产品冷链物流的市场化、专业化程度不高	0.604		
因素三	宏观政策因素	Q06	当前农产品冷链物流的市场化、专业化程度不高	0.550	2.486	10.807
		Q09	对目前国家出台的促进冷链物流发展的政策很满意	0.531		
		Q11	应当制定更加完善的冷链物流行业标准	0.669		
		Q22	政府应该制定农产品冷链流通的强制标准	0.689		
		Q26	冷链物流相关的法律法规亟待完善	0.625		
因素四	基础设施因素	Q07	道路和城市拥堵问题影响了冷链物流及配送	0.723	1.587	6.901
		Q12	城市冷链物流配送“最后一公里”制约了冷链物流的发展	0.598		
		Q20	冷库不足和布局不合理影响冷链物流及配送	0.764		
因素五	物流管理因素	Q15	物流管理和技术人才比较紧缺	0.883	1.275	5.546
		Q16	物流管理水平对农产品冷链配送影响较大	0.877		
因素六	社会环境因素	Q12	城市冷链物流配送“最后一公里”制约了冷链物流的发展	0.562	1.097	4.771
		Q18	消费者对农产品新鲜度、营养价值、样式需求的不断提高促进了冷链物流发展	0.706		
		Q24	中国冷链物流发展潜力巨大	0.547		
因素七	物流主体因素	Q13	消费者更愿意购买未经冷藏“加工”过的“原生态”的农产品	0.658	1.060	4.609
		Q25	冷链农产品供应链上下游企业缺乏统一的协调和整合	0.707		

5.2.3 区域农产品冷链物流发展影响因素命名与解释

（1）因素一主要由“先进冷链技术的应用”、“农产品保鲜技术的应用”、“互联网和大数据的应用”、“建立统一物流信息平台”、“信息技术的运用”、“冷链物流上下游企业信息获取”及“地区物流体系的完整性”等七个相关程度较高的指标所构成，其因子载荷量介于0.53至0.69之间，特征值为5.721，可解释方差量为24.87%。综合这几个指标，将因素一命名为“行业技术因素”（F_1）。

$$F_1=0.893Q_1+0.569Q_2+0.839Q_8+0.905Q_{10}+0.904Q_{14}+0.841Q_{19}+0.673Q_{21}+\varepsilon \quad (5-1)$$

由于中国大部分的农产品在产地缺乏深加工的能力，农产品从农民采摘出来后大都“原生态”地直接进入了流通市场。少部分也仅仅是进行了简单的初级加工，农产品冷链物流企业往往也是靠市场差价来获取微薄的利润，而事实上，对农产品进行包装、深加工等手段实现产品的增值是农产品冷链物流企业具有可持续发展的利润增长点。由于农产品冷链物流配送利润的低下又导致企业对冷链物流的软件和硬件投入不足，导致了冷链物流信息交流、沟通和整合能力都非常差。

虽然中国近几年来科学技术水平突飞猛进，但目前冷链产业采用的制冷技术仍处在一个较为滞后的水平上，国内冷链物流企业无论是在冷冻冷藏的质量监控、产品卫生安全管理和包装技术，还是在对作业车间的环境（温度、洁净度）要求与控制方面，都离现行的国际标准还有一定差距。农产品冷链物流的信息化建设仍不完善，有些地方虽然建立了农产品冷链物流的信息化系统，但应用起来却不太理想。大部分地区用于支撑网络平台建设的设备配置也不够完备，缺乏一个有效的信息网络，使得冷链农产品从生产到流通有很大的盲目性，隐含了风险。冷链物流企业应在政府和行业部门的指导帮助下主动运用先进的信息技术，意识到信息化管理对于企业经营和发展的重要性。

物流技术一般分三级：第一级是普货物流技术，第二级是食品安全要求（包装食品），第三级是冷链、温控、品控的生鲜初级农产品。所以说生鲜农产品冷链物流对技术的要求是最高的。不仅如此，由于农产品冷链物流学科的高度交叉，部分理论研究与实践严重脱节，理论成果的可操作性不强。因此迫切需要加强农产品冷链物流理论基础研究，探索农产品冷链物流产业的发展规律，依据农产品物流行业的共性需求，构建科学适用的知识标准体系框架。面对当前科技体制改革和国家对物流产业的空前重视，急需面向需求，构建适合中国国情的农产品冷链物流理论架构和工程技术体系，以更好更快地促进中国农产品冷链物流发展。

（2）因素二主要由“冷链物流共同配送”、“地区超市规模”、“农产品冷链物流市场化专业化程度”等三个相关程度较高的指标所构成，其因子载荷量介于 0.60 至 0.89 之间，特征值为 3.840，可解释方差量为 16.69%。综合这几个指标，将因素二命名为“经济因素”（F_2）。

$$F_2 = 0.859Q_3 + 0.894Q_5 + 0.604Q_6 + \varepsilon \qquad (5-2)$$

生鲜农产品冷链物流配送成本居高不下的原因除了基础设施等硬件条件差以外，冷链物流各环节之间缺乏统一性和协调性，配送规模小也同样导致了冷链物流配送成本增加。共同配送，又叫协同配送、联合配送，是指在城市里，为使物流合理化，在几个有定期运货需求方的合作下，由一个运输业者使用一个运输系统进行的配送。冷链物流共同配送可以很好地解决参与者太多而造成统一与协调不畅、单一企业配送规模太小的状况，有效地降低农产品冷链配送成本，间接地影响农产品冷链物流发展。

超市和大卖场这几年在中国蓬勃发展，各大中型城市中的大超市、大卖场如雨后春笋般一个接一个冒出来，在所有超市中，专门经营冷链农产品的生鲜超市的比例比较低。大型超市经营的产品种类虽多，但提供给生鲜冷链食品的空间却很小，小型超市的经营范围基本上是日用百货，很少销售冷链的生鲜农产品。事实上，超市对人们生活影响很大，在一定程度上可以说影响和引导居民的消费习惯，随着超市经营生鲜农产品的比例和规模渐渐变大也可以看出这种影响。同时，超市经营生鲜农产品规模越来越大，其对农产品冷链物流发展的影响也是显而易见的。

鉴于当前中国农产品冷链物流市场不是非常健全，冷链物流企业目前对农产品流通市场主动介入的积极性不高。生鲜易腐类农产品除了有对外出口需求的那部分外，大部分都是在国内市场销售的农产品，其物流配送业务基本上都是靠农产品本身的生产企业或经销商来承担的。另一方面，滞后的冷链物流服务网络和信息管理系统的不足，在很大程度上影响了生鲜农产品配送的准确性和及时性。这样一来，更是导致了农产品的冷链物流成本居高不下。尽管目前国内的物流公司有数千家，但仅仅是极少数的专业冷链物流服务企业有实力和能力提供网络覆盖全国的冷链物流服务，基于中国农产品冷藏保鲜的冷链物流产业未来巨大的发展潜力，第三方市场化专业化的冷链物流企业加入对促进农产品冷链物流的发展是有着极大影响力的。

(3) 因素三主要由“农产品冷链物流的市场化专业化程度”、“冷链物流发展的政策”、“冷链物流行业标准”、“农产品冷链流通的强制标准”、“冷链物流相关的法律法规”等五个相关程度较高的指标所构成，其因子载荷量介于0.60至0.89之间，特征值为2.486，可解释方差量为10.81%。综合这几个指标，将因素三命名为“宏观政策因素”(F_3)。

$$F_3=0.550Q_6+0.531Q_9+0.669Q_{11}+0.689Q_{22}+0.625Q_{26}+\varepsilon \tag{5-3}$$

目前，农产品冷链物流标准随着物流服务规范化发展显得越来越有必要。一方面，随着人民生活水平的不断提高，对食品安全的重视程度也相应提高，对冷链农产品物流管理提出更高更规范的要求；另一方面，农产品物流特别是农产品冷链物流作为现代物流体系中需求越来越大、专业性比最强的行业物流，其技术发展和管理规范标准也应越来越高。

农产品冷链物流标准的制定，既是农产品冷链物流服务行业发展的需要，也是保证农产品品质安全的需要，其制定有助于规范农产品冷链技术发展，促进物流行业健康发展，从物流环节保证农产品的食品安全。

完善生鲜农产品物流发展政策，特别是加大对边远地区和农村地区生鲜农产品物流发展的政策支持力度并确保政策落实，加强对基层农产品物流参与主体的引导和监督，这既能保障生产者受惠，又能从源头保障生鲜农产品的质量和安全。

(4) 因素四主要由“道路和城市拥堵问题”、“城市冷链物流配送最后一公里”、“冷库建设与布局”等三个相关程度较高的指标所构成，其因子载荷量介于0.60至0.76之间，特征值为1.587，可解释方差量为6.90%。综合这几个指标，将因素四命名为“基础设施因素”(F_4)。

$$F_4=0.723Q_7+0.598Q_{12}+0.764Q_{20}+\varepsilon \tag{5-4}$$

交通基础设施建设、物流集散和冷库建设直接决定了农产品冷链物流成本，进而影响着农产品冷链物流的发展。经济发达地区物流业的快速发展就是得益于其发达的交通基础设施网络和完善的物流节点体系。

（5）因素五主要由“物流管理和技术人才比较紧缺”、“物流管理水平对农产品冷链配送影响较大”两个相关程度较高的指标所构成，其因子载荷量0.66和0.71，特征值为1.275，可解释方差量为5.55％。结合这两个指标，将因素五命名为“物流管理因素”（F_5）。

$$F_5=0.883Q_{15}+0.877Q_{16}+\varepsilon \tag{5-5}$$

目前中国物流管理技术人才缺口较大，特别是掌握现代物流管理知识和冷链物流技术人才远远不能满足冷链物流发展需求，由于中国现阶段冷链物流基础较薄弱，与之相对应的是冷链物流管理人才队伍建设有待加强。

（6）因素六主要由“城市冷链物流配送最后一公里”“消费者对农产品需求品质的提高”“冷链物流发展潜力”等三个相关程度较高的指标所构成，其因子载荷量介于0.55至0.71之间，特征值为1.097，可解释方差量为4.77％。综合这几个指标，将因素六命名为“社会环境因素”（F_6）。

$$F_6=0.562Q_{12}+0.706Q_{18}+0.547Q_{24}+\varepsilon \tag{5-6}$$

随着人们生活水平的提高，消费者对于禽肉、果蔬、水产品等生鲜农产品的需求无论从数量上还是质量上都有了显著的提高。而中国的人口基数庞大，使得农产品冷链物流的市场发展潜力也非常大。由于在成本上考虑过多的原因，生鲜农产品冷链物流断链风险最大的是“最后一公里”，故影响农产品最终送到消费者手中的品质体验在很大程度上取决于冷链物流配送的“最后一公里”。这往往会又影响了消费者对高品质生鲜农产品的信任与需求。

（7）因素七主要由“消费者对农产品的购买选择”“冷链农产品供应链上下游企业协调与整合”两个相关程度较高的指标所构成，其因子载荷量都约为0.88，特征值为1.060，可解释方差量为4.61％。综合这两个指标，将因素七命名为“物流主体因素”（F_7）。

$$F_7=0.658Q_{13}+0.707Q_{25}+\varepsilon \tag{5-7}$$

农产品冷链物流的参与主体主要有三方面，一是农产品生产者，二是冷链物流相关企业，三是消费者。

生鲜农产品生产者的现代物流意识是影响农产品冷链物流发展的重要基础，且现代物流意识往往与所在地区经济发展程度有关。一般来说，消费者原有消费习惯短时期内很难改变，城镇居民家庭“提着菜篮子到农贸市场买菜”的观念已经根深蒂固，一下子不太接受推着推车在超市里买摆在冷藏柜的生鲜农产品。这除需要对居民消费习惯进行引导之外，更主要的是加强农产品供应链上下游企业协调与整合，降低农产品冷链流通成本，使之更具价格竞争力。

5.3　区域农产品冷链物流发展影响因素模型

从以上对区域农产品冷链物流发展影响因素主成分分析来看，影响农产品冷链物流发展的七个因素指标的解释方差量分别是 24.874、16.693、10.807、6.901、5.546、4.771、4.609，则可以用“行业技术因素”、“经济因素”、“宏观政策因素”、“基础设施因素”、“物流管理因素”、“社会环境因素”、“物流主体因素”表达农产品冷链物流发展影响因素的结构关系。

$$Inf = 24.874F_1 + 16.693F_2 + 10.807F_3 + 6.901F_4 + 5.546F_5 + 4.771F_6 + 4.609F_7 + \varepsilon \quad (5-8)$$

式中，Inf 代表区域农产品冷链物流发展影响因素；F_1 代表行业技术因素；F_2 代表经济因素；F_3 代表宏观政策因素；F_4 代表基础设施因素；F_5 代表物流管理因素；F_6 代表社会环境因素；F_7 代表物流主体因素；ε 代表误差项。

当然，农产品冷链物流发展影响因素错综复杂，不仅仅是上述七个因素能完全决定的，本研究通过因子分析获得的农产品冷链物流发展影响因素模型只是对农产品冷链物流发展影响因素结构的一种可能描述。

5.4　本章小结

通过对农产品冷链物流行业从业人员以及利益相关者进行问卷调查，用因子分析法对中国西南地区四川、广西等地农产品冷链物流发展的影响因素进行了分析，结果表明：行业技术因素、经济因素、宏观政策因素、基础设施因素、物流管理因素、社会环境因素和物流主体因素是影响这两个地区农产品冷链物流发展的主要因素。这 7 个因素包含了所有调查指标信息的 74.202%。由于这两个地区都是以农业生产为主的欠发达地区，具有一定的代表性。因此，要全面提高此类地区农产品冷链物流的发展水平，各级政府和物流行业有必要有针对性地制定相关政策措施和行业标准。

第一，加强先进的冷链技术和信息网络技术在农产品冷链物流各个环节中的应用。分析表明，先进的冷链技术、农产品保鲜技术、互联网和大数据等信息技术的应用能有效地降低农产品物流成本，是区域农产品冷链物流发展的重要影响因素。因此，关注和强化先进的冷链技术、物流技术在农产品物流中的普及和应用，建立统一的物流信息平台，构建地区物流体系的完整性，是现阶段中国提高农产品冷链物流发展水平的重要抓手。

第二，制定和完善农产品冷链物流的发展政策、冷链物流行业的行业标准。分析表明，一个地区是否具有市场化、专业化程度较高的农产品冷链物流行业以及冷链物流相关的法律法规和农产品冷链流通的强制标准是否完备，也是影响农产品冷链物流发展的另一个重要因素。

第三，加强涉及地区农产品冷链物流相关基础设施建设和物流管理技术人才培养。分析表明，交通基础设施特别是农村交通基础设施建设、冷库布点和储运设施设备的建设和配备，是农产品冷链物流的重要影响因素。一个地区冷链物流的快速发展首要前提是延伸到农村（农产品生产基地）完善的交通基础设施网络和布局合理的冷库、配备有齐全的冷链运输设备的物流企业。当然，更需要培养和储备管理与这些设施设备相关的物流技术人才。

第四，营造现代物流氛围，提高农产品冷链物流各参与主体的现代物流意识。分析表明，在物流主体因素中，农产品生产企业和农民的现代物流意识，以及消费者综合品质与价格是否更愿意选择经冷链配送的农产品都会影响着现代冷链物流的发展。事实上，一个具有良好现代物流意识的参与主体或利益相关者对改变传统的物流观念和接受、应用先进的物流技术具有很大帮助。因此，宣传和营造良好的现代物流氛围，加强包括农民、农业生产企业、农产品经营企业、冷链物流企业以及市场管理人员在内的各类参与主体的教育和培训，既是对物流技术的培训，同时也是提升他们现代物流意识的主要渠道。

第 6 章

CHAPTER 6

农产品冷链物流配送干扰管理分析

大部分的生鲜农产品由于易腐烂、难存贮（保存周期短），销售生命周期要求小于产品保存周期等特点，这就造成生鲜农产品企业特别是流通环节的企业比普通产品企业面对着更加复杂多变的经营环境。在生鲜农产品冷链物流配送过程中，这些不确定性的干扰事件表现得尤其明显，例如交通拥堵、车辆或冷藏设备故障、天气变化、顾客需求及时间要求发生变化，等等。牵一发而动全身，一个微不足道的不确定性干扰事件的产生往往会导致整个生鲜农产品冷链物流配送计划的变化，而这些干扰往往又需要在极短的时间内得到有效的处理。

6.1 干扰管理的定义

美国得克萨斯大学奥斯丁分校的 Gang Yu 教授最早在航空领域研究了干扰管理问题，他将干扰管理定义为："在规划初期，采用优化模型和求解算法，得到了一个良好的运行方案，在实施方案中，由于内外部不确定性引起的干扰事件的发生，原来的方案变得不可行，为得到新的规划，需要动态地修改原计划，新的规划应反映环境变化带来的约束和目标，同时尽量减少干扰的负面影响（Gang Yu，2004）"。国内一些学者认为，干扰管理是一种能够使事件回到原来状态的一种管理方法，主要针对是稍微偏离原计划状态的事件，这样的偏差只是一个微小的偏差，没有造成很多负面影响，可以通过活动来纠正（陈安、李铭禄，2006）。

干扰管理是一个过程，这个过程的核心是一个能快速、有效求解的优化模型，干扰管理过程能根据突发的大量的不确定事件进行甄别，如果这个不确定事件影响了初始计划，使得初始计划不可行，则认为这个不确定事件对原计划产生了扰动，这个不确定事件就属于干扰事件，通过优化模型能给出一个最优调整计划，这个调整计划不是对原有计划的全盘否定，而是以此最新状态为基础，通过对原方案进行局部优化调整（尽量小的调整），快速生成对整个系统扰动小、成本低的一个调整方案。干扰管理的过程如图 6－1 所示。

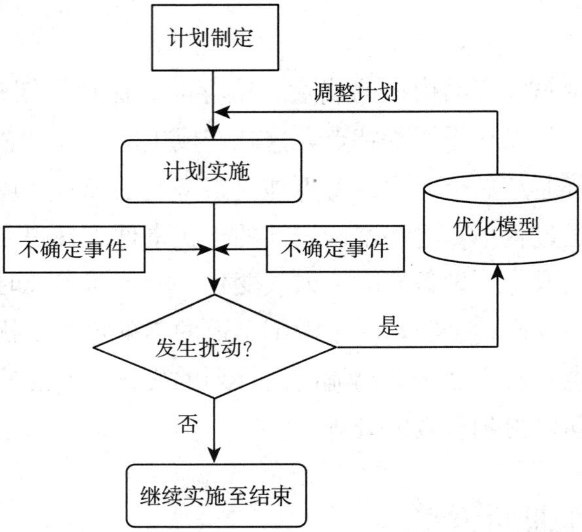

图 6－1　干扰管理过程示意图

6.2　干扰管理的特征

干扰管理作为应对由不确定性的事件造成必须对已经规划好的计划、方案进行调整的决策过程。其具有以下几个特点。

（1）干扰管理是针对干扰事件发生后对原方案的影响，从而对原方案进行局部优化调整，目标是使扰动最小化和费用最经济之间找一个平衡点，并非是完全追求费用最小化。例如当某个航班发生延误之后，如果全部从保证旅客利益的角度考虑，可以临时增加飞机等手段来保证对旅客的扰动最小，但会大大增加航空公司的费用；另一方面，我们也可以对所有航班重新规划和安排，能够得到一个对航空而言费用最优的航班飞行计划，但是却可能导致大量旅客重新购票、换乘、改变旅行时间，对旅客的扰动太大，从而导致该计划不可行。

（2）干扰管理不同于应急管理，虽然应急管理也是以不确定性的干扰事件作为基础，但应急管理往往“不计成本”。应急管理所针对的干扰事件往往都是突发性的“灾害”事件，产生的影响具有连锁性，影响成本（损失）一般不能立即计算出来，处置具有及时性和紧迫性的特点，往往是不计成本。而干扰管理主要是针对经常性的干扰事件，如工业生产中的暂时缺货现象、交通运输中出现的堵塞现象以及航班的延迟等，干扰管理就是在基本费用及综合效益下制定消除其干扰的策略和措施并有效执行。

（3）干扰管理调整的新计划是基于现有的约束条件和目标，注重于干扰事件发生后对原计划的调整，减小干扰带来的负作用。原则上干扰管理不会推翻原有计划重新制定一个全新的“最优”方案。

（4）干扰管理对在线实时性的要求较高，问题复杂度高，是一个动态实时的多目标优化难题。针对干扰管理问题建立的数学模型比较复杂，模型中的很多参数尤其是关于扰动度量的参数难以量化。

6.3 农产品冷链物流配送过程中的干扰问题

农产品作为一种需要冷链配送的特殊商品，在其冷链物流配送过程中主要有农产品质量安全、配送车辆路径问题、顾客需求及时间变化、碳排放等干扰问题。

6.3.1 生鲜农产品质量安全

生鲜农产品冷链物流配送除具有普通商品物流的特点外，由于其产品具有易腐变质性，在配送过程中任何一环节出现不确定性的干扰事件造成温度的失控都将直接影响产品的质量安全。

因不同类别的生鲜农产品从不同的产地，汇集在一起才进入冷链物流系统，如果存在着货物预冷不足、包装不合理、各地制冷标准不统一时，很有可能使生鲜农产品遭受二次污染，降低了产品的品质及新鲜度（秦立公等，2014）。而在配送过程中如果遇到运输或制冷设备故障、货物受损等干扰问题，将会进一步加剧产品质量安全。在生鲜冷链配送设备与管理水平满足不了顾客日益增长的需求时，生鲜农产品的质量安全问题也日益突出。在生鲜农产品配送过程中，暴露在外面固然不利于保证产品质量，但如果生鲜农产品被密闭在一个特定的环境中，温度及湿度的变化都会对农产品质量带来安全风险。再加上中国部分冷链物流企业的制冷设施及配套设备故障频发，造成很多环节都受到“温度”的威胁，由此产生了“断链”现象，这些干扰事件都影响着生鲜农产品的质量安全。

6.3.2 顾客需求的变化

随着生活水平的不断提高，消费者消费需求呈现多样化，这也造成生鲜农产品冷链物流配送出现频率高、批量高、批次多情况，这往往也会产生许多干扰问题的出现。消费者需求量增加和减少（取消）是生鲜农产品冷链物流配送系统需求量变化两类干扰事件。在物流公司冷链物流配送途中，原有客户更改配送量、客户取消订单甚至会临时出现顾客要求改变配送点等干扰事件，在该类问题中不仅仅涉及顾客单方面问题，还对供应商、物流配送运营商、车辆驾驶员等产生不小的影响。

6.3.3 配送过程中时间窗的变化

还有另一种情况，在生鲜农产品冷链配送过程中，顾客不改变需求量，但需求时间却发生了改变，这是因顾客提出交货时间变化而产生的干扰事件。这类问题主要包括：顾客提出提前交货、延后交货、暂停交货等。

这类干扰问题的出现，不仅立即打乱冷链物流配送公司当前配送计划，而且还会引起大面积的连锁反应，很有可能导致整个原有计划不再可行。在实践中，顾客往往又希望立即得到答复，如果决策的时间较长不仅会影响顾客的满意度，甚至会使得刚刚调整的新方案马上就成了“旧方案”而变得不可行。根据顾客的时间窗变化如何实时生成一个有效的调整方案是这类干扰问题的难点。

6.3.4 车辆路径问题

车辆路径问题（VRP）一直以来都是物流配送研究的重点与难点，

带时间窗的车辆路径问题（VRPTW）也可以看成是VRP受到干扰后得出的一个新问题，这个干扰事件就是时间窗限制。除此之外，生鲜农产品冷链物流配送过程中还经常受到诸如交通堵塞、车辆制冷系统发生故障、消费者需求发生变化等随机性干扰事件时，这些都会直接造成配送时间延长、影响消费者需求满意度、增加配送成本，甚至对整个物流配送系统造成影响。因此生鲜农产品的产品易腐、易变质的特性，在配送的过程中不仅要考虑到货物的损失成本，而且很多客户对该产品有着严格的时间送达要求，如果超过时间会增加额外的惩罚成本。而传统的普通产品的物流配送一般不涉及这些问题。

6.3.5 碳排放的限制

随着国家对环境越来越重视，经济与环境协调发展要求在耗能较为突出的冷链物流行业也要考虑能耗问题。特别是一些地区在出现极端污染天气后对二氧化碳排放执行苛刻的政策，这些也是冷链物流的一种干扰事件。而且在现实情况下，由于市场竞争压力大，很多生鲜农产品企业及冷链物流配送企业为了增加客户满意度，会主动或被动地增加配送次数，这也间接地增加了能耗，增大了二氧化碳的排放量。

6.4 农产品冷链物流配送干扰管理分析

根据国内外学者对干扰管理研究的一般模式以及生鲜农产品冷链物流配送的具体情况，对农产品冷链物流配送干扰管理分析主要从干扰事件的辨析、干扰管理模型的建立、干扰管理算法的确定几个步骤进行。

6.4.1 干扰事件的辨析

生鲜农产品冷链物流配送系统干扰事件辨析主要是对不确定事件是否造成扰动进行判定并对扰动进行度量。

6.4.1.1 扰动的判定

当不确定事件发生以后，冷链物流配送干扰管理首先需要判断系统是否发生了扰动，扰动的标准就是判断不确定事件的发生是否使得冷链配送的结果偏离了目标设定的范围，即初始计划不可行。如果初始计划不可行，才需要建立干扰管理模型并进行求解，以形成扰动最小的调整方案。反之，如果初始方案仍然可行，这个不确定事件不形成扰动，不属于干扰事件，也就不需要对初始方案进行调整。

对于一个不确定事件“是否产生扰动”的判定就应转化为“该不确定事件是否使初始计划不可行”的判定，即判定不确定事件的发生是否使得冷链配送的结果偏离了目标设定的范围。

目标可以是多目标，例如冷链车辆温度 T 在一个允许范围 $[T_1, T_2]$，配送到 i 客户的时间许可范围（即时间窗）是 $[b_i, e_i]$，第 i 个客户对配送的需求量范围是 $[c_i, C_i]$。

以单个目标——客户的时间窗为例，初始计划会使得冷链配送车辆恰好在该客户要求的时间范围内（时间窗）到达每个客户点，到达的时间点则可以是该时间范围内的任何一点，即到达的时间点 t_i 满足 $b_i \leqslant t_i \leqslant e_i$。如果某个不确定事件的发生可能会使冷链配送车辆到达每个客户的时间点 t_i 发生变化，假设变化至 t'_i，如果 $b_i \leqslant t'_i \leqslant e_i$，则认为不会对该客户产生扰动，否则认为对该顾客产生了扰动，即结果偏离了目标设定的范围，将使初始计划变为不可行计划。

图 6-2 为客户时间窗下的扰动判定示意图。如图所示，不确定事件发生后，冷链配送车辆到达各客户的时间点发生了改变，虽然客户 C_1、C_3、C_n 在影响后配送到达客户的时间点仍然落在了他们原先的时间要求范围内，但到达客户 C_2、C_4 的时间点则落在了客户要求时间范围之外，因此使得整个初始计划变得不可行，需要重新调整初始计划。

因此，对于发生的不确定事件是否成为干扰事件的判定，需要按照初始计划执行后不确实事件的发生是否使得冷链配送的结果偏离了目标设定的范围，如果存在某个目标偏离原先设定的允许范围，则这个不确定事件的发生就是一个干扰事件，使用干扰管理方法对配送路线和方案进行调整。

6.4.1.2 扰动的度量

农产品冷链物流配送过程中，由于干扰事件产生的扰动，干扰了系统任务的执行，并且使初始配送计划变得不可行，这时需要对扰动程度进行

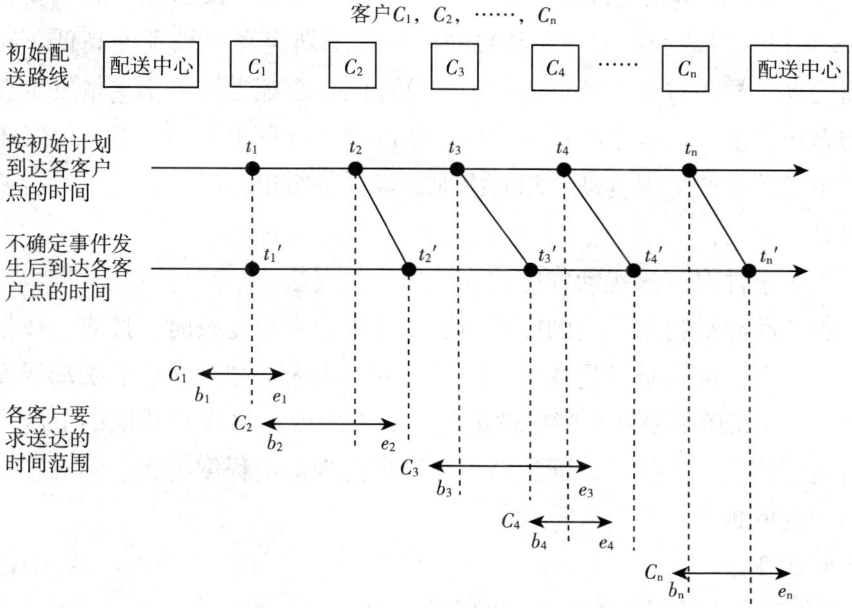

图 6－2　客户时间窗下的扰动判定示意图

定量分析，以精确识别干扰事件造成扰动程度，以此判断是否能对扰动事件做出反应。农产品冷链物流配送系统干扰事件的扰动对象，根据不同主体以及各自的利益关系主要归纳为三类：客户（消费者）、配送车辆驾驶员、冷链物流配送企业。

1. 对客户（消费者）的扰动（D_1）

假设 1：对一个客户配送结果（生鲜农产品送达温度、送达时间、数量等）的改变往往会影响到其他客户的配送结果。因为干扰事件使得一个客户的配送结果预期会偏离客户需求范围时，冷链物流配送企业需要根据偏离情况对配送方案和冷链车辆路径进行重新调整的同时也影响到其他客户的配送结果。

假设 2：对某些客户配送结果的微小偏离在实际中是被认可的。所以，合理地设定对于每个客户对配送结果容忍的最大偏离量，并对于可能产生的偏离结果事先与客户说明和解释，这种做法不仅可以取得客户的谅解，提高这些客户的满意度，而且在现实的物流配送活动中也被经常采用。

假设3：冷链物流配送企业往往会对客户分级，根据客户的重要程度（从该客户获得的利益或潜在利益的大小）来划定客户级别的高低，对级别高的客户配送容忍偏离量就越小。这样同一个配送结果偏离量发生在不同的客户身上，对整个配送系统所产生的扰动程度也不同，客户等级越高时，小偏差会产生大扰动，相对应地，客户等级很低时，大偏差可能差生的也是小扰动。

干扰事件对客户扰动程度的几种形式化方法：

农产品冷链物流配送的服务内涵主要是使客户能按时、按质、按量收到产品。只要配送结果是在客户所设定的范围内，则对他们的扰动程度就为0，一旦配送结果低于客户设定范围的下限或高出设定范围的上限，就会对他们产生一定扰动。配送结果与设定范围偏离程度越大，则对客户的扰动程度就越大。

假设变量：

c_i为客户i对配送需求范围的下限；

C_i为客户i对配送需求范围的上限；

DEV_i为客户i的实际配送结果低于c_i或高于C_i的量，即偏离量。如果实际配送结果在［c_i，C_i］范围内，则$DEV_i=0$；

β_i为物流配送企业给客户i划定的重要程度；

m为干扰事件发生时未配送客户的个数。

则物流配送过程中干扰事件对客户（消费者）的总体扰动程度D_1可以用下面几个方法度量：

$$D_{1-1}=\sum_{i=1}^{m}\beta_i\frac{DEV_i}{C_i-c_i}\quad\left(\sum_{i=1}^{m}\beta_i=1\right)\qquad(6-1)$$

公式（6－1）的度量方法可称之为全局法。当干扰事件发生时假设有m个未配送的客户，则将系统中每个客户的配送结果偏离量DEV_i（$i=1$，2，…，m）与客户允许偏离范围长度的比例加权平均和作为对客户的总体扰动程度。该方法适用于物流配送企业以平均不满意度为衡量标准的情况。

$$D_{1-2}=\max\left\{\frac{DEV_i}{C_i-c_i}\middle|i=1,2,\cdots,m\right\}\qquad(6-2)$$

公式（6－2）的度量方法为典型法。该方法以系统中最大的客户配送结果偏离程度作为对客户的总体扰动程度，它适用于物流配送企业想重点解决最大不满意度客户的情况。

$$D_{1-3}=\frac{N\left(\frac{DEV_i}{C_i-c_i}>0,\ i=1,\ 2,\ \cdots,\ m\right)}{m} \tag{6-3}$$

公式（6－3）的度量方法为比例法。以系统中有扰动的客户数量占客户总数的百分比来衡量顾客的总体扰动，它适用于对客户不分等级、“一视同仁”的物流配送企业力求减少系统中不满意客户数量的情况。

$$D_{1-4}=\sqrt{\frac{\sum_{i=1}^{N(DEV_i>0,i=1,2,\cdots,m)}\left(\frac{DEV_i}{C_i-c_i}-\overline{\frac{DEV_i}{C_i-c_i}}\right)^2}{N(DEV_i>0,i=1,2,\cdots,m)}} \tag{6-4}$$

公式（6－4）的度量方法为标准差法。以系统中每个受扰动客户的配送结果偏离程度的标准差来衡量客户的总体扰动，N（$DEV_i>0$，$i=1$，2，…，m）为配送结果与客户要求配送范围有偏离的客户数目。该方法适用于物流配送企业想平均化顾客不满意度的情况。

2. 对配送车辆驾驶员的扰动（D_2）

交通堵塞、客户需求数量与时间的变化、设备故障等干扰事件都会引起冷链配送车辆行驶路线的调整，这些调整或多或少都会使驾驶员实际的工作内容和工作量与原先心理预期产生一定偏差，而这种偏差越大、越频繁，对驾驶员的工作情绪影响就越大，从而降低他们的工作效率。因此配送中心应对所有驾驶员的整体扰动做出统一考虑。

干扰事件对驾驶员的扰动程度通常通过两个方面来衡量：一是工作内容的偏差大小，即驾驶员实际行驶路径与原计划路径的偏差量；二是工作量（驾驶时间）的偏差，驾驶员返回配送中心的延误时间。事实上第一种偏差的本质也是增加了驾驶员的工作时间，所以降低对驾驶员的总体扰动程度，就是要尽量使配送车辆返回配送中心的时间不迟于原计划返回时间。

设 t_i 为第 i 辆配送车相对于初始计划而延迟返回配送中心的工作时长；T_i 为第 i 辆配送车在初始计划中预计的工作时长；n 为干扰事件发生时的在途配送车辆数。如果车辆提前返回配送中心，则 $t_i=0$。

因此，可将干扰事件对车辆驾驶员 i 的扰动程度表示为：

$$D_{2i}=\frac{t_i}{T_i} \quad i=1, 2, \cdots, n \tag{6-5}$$

在单个配送车辆驾驶员的扰动度量方法的基础上，对所有配送车辆驾驶员的总体扰动一般可以采用类似于衡量客户总体扰动的全局法、典型法、比例法和标准差法来予以表示，如表 6-1 所示。

表 6-1 对配送车辆驾驶员总体扰动度量方法

方法名称	计算公式
全局法	$D_2=\sum_{i=1}^{m}\beta_i D_{2i}(\sum_{i=1}^{m}\beta_i=1)$
典型法	$D_2=\max\{D_{2i} \mid i=1, 2, \cdots, m\}$
比例法	$D_2=\frac{N(D_{2i}>0, i=1, 2, \cdots, m)}{m}$
标准差法	$D_2=\sqrt{\frac{\sum_{i=1}^{N(D_{2j}>0,j=1,2,\cdots,m)}(D_{2i}-\overline{D_{2i}})^2}{N(D_{2j}>0,j=1,2,\cdots,m)}}$

3. 对冷链物流配送企业的扰动（D_3）

干扰事件发生后，物流配送企业通常会投入一定的成本来处理干扰的影响并尽快恢复系统的正常运行。从费用考虑，冷链物流配送企业关注的是如何能以最小的成本增量换来各方的满意，本是决定物流配送企业扰动程度的重要因素。

配送成本主要包括运输成本和物流配送企业为派车辆所需的固定费用（派车成本）。设 n 为增派车辆数；C_0 为增派一辆车的费用；C_{ij} 为车辆从客户 i 到客户 j 的运输成本。物流配送企业的成本可表示为派车成本和运输成本之和。故干扰事件对冷链物流配送企业的扰动，可以用物流配送企业的成本表示如下：

$$D_3=n\times C_0+\sum_{k=1}^{n+n_0}\sum_{i=0}^{m}\sum_{j=0}^{m}C_{ij}x_{ijk} \tag{6-6}$$

综上，从客户、配送车辆驾驶员、物流配送企业三个方面考虑的系统扰动程度，可以体现为：最小化客户配送结果的偏离量、最小化配送车辆驾驶员返回配送中心的延迟量以及最小化物流配送企业为应对干扰事件而付出的成本增量。

6.4.2　干扰管理模型

针对干扰事件的特点以及实际需要解决的问题，近年来的研究提出了许多解决实际问题的干扰管理模型，这些模型基本上可分为数学模型和图模型。由于物流配送中的干扰问题涉及较多条件，干扰事件又复杂多变，因此物流配送干扰管理模型以数学模型居多。物流配送干扰管理数学模型的基本形式如下。

$$\min f(x),\ \text{subject to } x \in X \tag{6-7}$$

式（6－7）中 $f(x)$ 是扰动程度的函数；$x \in X$ 为约束条件。干扰发生后，目标函数是根据扰动度量，使新计划相对于初始计划的扰动程度最小。扰动度量可考虑使客户、配送车辆驾驶员、物流配送企业的满意程度最大、与原计划的偏离最小等。

在物流配送干扰管理的典型问题——最短路线问题中，Gang Yu 等（2004）提出的干扰事件发生后的数学模型为：

$$\min\left[K_1 g(x)(a^+,\ a^-)+K_2 c(x)\right]$$

$$\text{subject to}\begin{cases}x \in X \\ x+a^+-a^-=x^0 \\ a^+,\ a^- \geqslant 0\end{cases} \tag{6-8}$$

其中，x 是出现干扰后制定的新的路线，X 是 x 的可行集；x^0 是初始路线；K_1，K_2 为权系数，且 $K_1+K_2=1$；$g(a^+,\ a^-)$ 是 x 与 x^0 不同的路段数，a^+是在 x^0 中而不在 x 中的路段，a^-是在 x 中而不在 x^0 中的路段；$c(x)$ 是 x 的成本。

数学模型的特点是：容量大，模型对参数的容纳能力强，能够表达大规模的复杂问题；灵活性强，随着实际问题的变化，目标函数和约束条件会随之发生改变。

6.4.3　干扰管理算法

目前，求解干扰管理问题的算法主要分为精确算法和近似算法两类，常见的近似算法主要有启发式算法和拍卖式算法。

6.4.3.1 精确算法（Exact Algorithm）

求解干扰管理模型的精确算法，其代表性的研究成果主要有：Teodorovic and Guberinic（1984）采用分支定界法求解了基于网络图的航班延迟干扰管理模型；Kouvelis 等（1997）采用鲁棒精确算法求解了工件调度中可能发生的最为严重的干扰问题等。

精确算法比较适合求解小规模、结构较清晰的干扰管理问题。对于稍微复杂一点的干扰问题，如果想采用精确算法以获得最优解，往往需再花费巨大的代价，结果却不一定理想，所以，解决干扰管理问题主要还是依赖于近似算法。

6.4.3.2 启发式算法（Heuristics）

启发式算法是在搜索过程中利用与具体问题求解有关的有启发性的控制信息来改进控制策略，使得搜索朝着最有希望的方向进行。启发式算法与精确算法这类全局型求解算法最大的不同，在于当前搜索节点往下选择下一步节点时，可以通过一个启发函数来进行选择，选择代价最少的节点作为下一步搜索节点。运用启发式算法，往往能在很短的时间内就可得到一个搜索问题的最优解。干扰管理具有很强的时间性，必须在很短时间内实时生成干扰管理方案；干扰管理还具有决策依赖性，即新决策的产生依赖于上一决策的状态。这些特性使得启发式算法在干扰管理研究领域被普遍采用。

用于干扰管理的启发式算法主要有拉格朗日启发式算法、针对小规模问题的 Dantzig-Wolfe 启发式算法、针对大规模问题的 Tabu 搜索启发式算法。

启发式算法可以通过运用经验等启发式信息以及实验分析来求解问题。干扰管理的核心思想是新计划相对于初始的扰动要尽量最小，因此启发式算法可利用原计划中的信息，采用局部优化调整的方法使系统的扰动最小。此外，在求解具体问题时，启发式算法可以经过少量的计算，在较短的时间内得到问题的最优解或近似最优解，因此启发式算法非常适合于求解复杂性、实时性较强的干扰管理问题。

6.4.3.3 拍卖式算法（Auction）

拍卖式算法由 Bertsekas 于 1979 年首先提出，是一种对偶算法，在搜索方式上与传统方式有很大不同。它模仿现实的拍卖过程，利用“一对一”式的 n 个主体对 n 个对象同时叫价这样的竞争机制，最终实现总价值（总目标）最大化。拍卖式算法 1991 年被 Bertsekas 应用于解决最短路线问题，后来又被用于解决运输问题。

拍卖式算法的最大特点是并行计算，可以用不同的处理器同时计算不同路径，并能够共享价格矢量，大大提高了求解的速度和结果满意度。这一特点决定了拍卖式算法在计算大型网络模型方面更具优势。随着网络规模的扩大，其计算速度的优势愈加明显。但该算法相对适用于解决网络弧值为正的情况，在弧值为负的时候求解仍存在困难，需要其他算法的支持。

6.5　本章小结

干扰管理通常指在计划开始阶段，用优化模型和求解算法得出一个好的运行计划，在计划实施中由于不确定因素导致干扰事件的发生使原计划变得不可行，需要动态地修订原计划获得新计划。干扰管理是一个能快速、有效求解优化模型的过程。干扰管理不同于应急管理，是基于现有的约束条件针对干扰事件产生的状态对原方案的局部优化调整，目标是使扰动最小化和费用最经济之间找一个平衡点。干扰管理对在线实时性的要求较高，问题复杂度高，是一个动态实时的多目标优化难题。

农产品作为一种需要冷链物流配送的特殊商品，在其配送过程中主要有农产品质量安全、配送车辆路径问题、顾客需求及时间变化、碳排放等干扰问题。

农产品冷链物流配送干扰管理一般有干扰事件的辨析、干扰管理模型的建立、干扰管理算法的确定几个步骤。扰动的度量以及确定有效的干扰管理算法是农产品冷链物流配送干扰管理的难点。

第 7 章

CHAPTER 7

基于实时信息的冷链物流配送路径优化研究

中国作为一个农产品生产和消费大国，每年有超过 4 亿吨生鲜农产品进入流通领域，据统计，生鲜农产品在全流通过程中的损耗在 18%～32%之间，尤其在运输过程中损耗最高，使得整个物流费用占到生鲜农产品成本的 70%左右[①]。因此在生鲜农产品流通“最后一公里”的冷链配送过程中研究如何合理安排车辆调度，缩短鲜活农产品配送时间、减少货损，从而降低冷链物流运营成本，提高食品安全和顾客对鲜活农产品质量的满意度尤为重要。由于冷链物流配送的特殊性，一般在研究鲜活农产品冷链物流配送路径优化时，除考虑普通物流的运输成本外，还需考虑冷链配送过程中农产品的损耗成本、冷藏配送车辆制冷消耗的能耗成本和配送时间惩罚成本等因素。

虽然目前国内外对冷链物流车辆路径问题的研究已有一定的成果（见第 1 章），但仍有进一步研究和探讨的空间，主要表现为研究的问题大部分都是对配送产品需求量、冷链配送车辆位置、道路状况不变的确定性问题的研究。而在农产品冷链物流配送实践中，在冷链配送过程的城市道路拥堵实时变化、收货点需求量实时变化、冷链配送车辆实时变化、天气变化等不确定性因素常有发生，而在现有的冷链配送车辆路径问题的研究中，针对此类实时信息做出有效反应的冷链配送车辆路径问题的研究比较少。本章将选择城市道路实时路况这一对冷链配送影响最大的动态因素来进行分析，研究基于实时路况的冷链物流配送路径优化问题，建立一个农

---

① 中国物流与采购联合会冷链物流专业委员会，中国冷链物流发展报告（2015），中国财富出版社。

产品冷链物流配送路径优化模型。

7.1　问题描述

农产品冷链物流配送中心为分布于城区市内的多个需求点（超市、饭店、食堂、小区便利店等）冷藏配送鲜活农产品的问题。鲜活农产品冷链物流配送中心拥有 M 辆专用冷藏配送车为市区 N 个需求点提供生鲜农产品配送服务，每辆冷藏配送车从配送中心出发，经过各需求点后返回配送中心。本章优化的目标是依据现有资源和客户需求情况，通过获取实时道路拥堵信息，构建数学模型，采用合适的算法，快速寻找一个配送策略：从鲜活农产品冷链物流配送中心出发安排冷藏配送车辆的发车次序、装车规模、发车时间和行驶路径（线），使得车辆由配送中心出发后直至完成对客户（需求点）的服务这一过程中所发生的运输配送成本、货损成本、制冷能耗成本、惩罚成本以及固定成本等总物流成本最小。如图 7-1 所示。

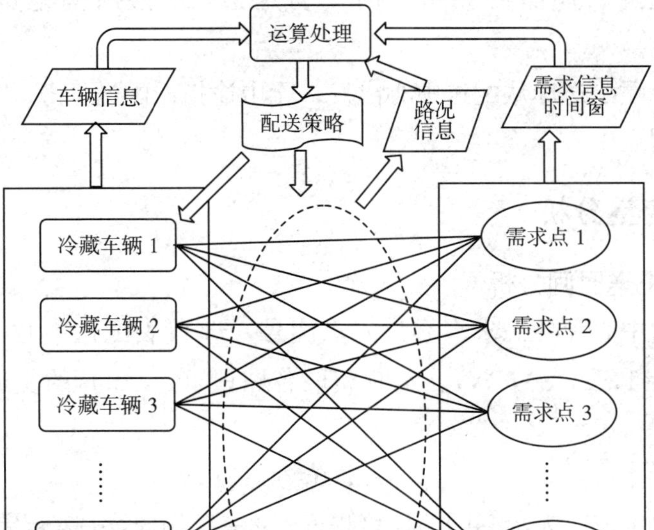

图 7-1　基于实时路况的冷链物流配送示意图

7.1.1 问题假设

（1）道路拥堵状况保持相对稳定，即从做出配送决策到配送车经过该路段时道路拥堵状况不变；

（2）配送中心的冷藏配送车数量固定，每辆车载重量有限，每个客户的总需求量不超单车最大装载量（此假设便于模型求解，在实际情况中若某个客户总需求量大于单车最大装载量，可将此客户拆分成两个或两个以上客户对待）；

（3）每个客户都保证得到配送服务且所需生鲜农产品只能由一辆冷藏车配送；

（4）每条配送路径上的总长度不大于配送车辆的续航里程（即配送车辆中途无需加油）；

（5）配送中心生鲜农产品充足，且客户的需求量、地理位置、时间窗约束已知；

（6）生鲜农产品需在指定时间窗送达，超过时间范围需支付惩罚金；

（7）冷藏配送车从配送中心出发，无中途指派配送任务，完成配送任务后返回配送中心。

7.1.2 变量分析

7.1.2.1 配送时间分析

为配送中心和各需求（客户）点编号，v_0 代表配送中心，v_i 代表各客户点（$i=1$，2，…，N）。实时获取各路段（v_i，v_j）的交通拥堵系数 r_{ij}，其中

$$r_{ij}=r_{ji}\text{，}0\leqslant r_{ij}\leqslant 1$$

从 0 到 1 依次表示不同的拥堵程度，0 表示畅通，1 表示完全堵塞。

配送车辆在（v_i，v_j）路段的运行时间为：

$$t_{ij}=\frac{L_{ij}}{V_0(1-r_{ij})} \tag{7-1}$$

这里，L_{ij} 表示（v_i，v_j）的距离，V_0 表示配送车辆正常行驶平均

速度。

配送车辆在 v_i 辆的卸货时间为：$t_i = ug_i$，其中 g_i 表示第 i 个客户的需求量，u 表示平均卸货速度。

7.1.2.2 配送成本分析

1. 配送车辆固定成本（C_1）

冷藏配送车辆进行配送服务需要的固定费用，如驾驶员工资、车辆损耗成本等费用仅仅与配送中心启用冷藏配送车辆的数量相关。故配送车辆总固定成本为：

$$C_1 = f\sum_{k=1}^{M} sign(Car_k) \tag{7-2}$$

其中，f 为每使用一台配送车辆所产生的固定费用，$sign$（Car_k）为第 k 号配送车辆使用标识函数，使用为1，不使用为0，即

$$sign(Car_k) = \begin{cases} 1, \sum_{i=0}^{N}\sum_{j=0}^{N} x_{kij} > 0 \\ 0, \sum_{i=0}^{N}\sum_{j=0}^{N} x_{kij} = 0 \end{cases} \quad k = 1,2,\cdots,M \tag{7-3}$$

其中，x_{kij} 的取值范围是0，1，当 $x_{kij}=1$ 时表示第k辆车经过了路段（v_i，v_j），否则 $x_{kij}=0$。

2. 配送车辆运输变动成本（C_2）

冷藏配送车辆的运输成本包括车辆的燃油费、维修费、保养成本等，与车辆行驶里程数呈正相关：

$$C_2 = \sum_{k=1}^{M}\sum_{i=0}^{N}\sum_{j=0}^{N} hx_{kij}L_{ij} \tag{7-4}$$

其中，h 为配送车辆每公里的运输成本。

3. 冷藏配送车辆制冷能耗成本（C_3）

冷藏配送车辆的制冷能耗成本主要是消耗制冷剂的成本，制冷剂的消耗量与制冷时间、车厢大小、车厢内外温差、车厢装载货物多少、打开车厢门次数和打开车厢门时间（卸货时间）都有关，但由于配送车辆车厢规格固定、配送生鲜农产品对车厢温度要求一定，外部环境相对稳定。对冷藏配送车辆制冷成本可近似地认为与车辆运行时间、开车厢门次数和开车厢门时间（卸货时间即在客户点停留时间）呈正相关。又由于整个

配送过程中，在每个客户点卸货都必需且只需打开车厢门 1 次、在各点卸货总时间与各客户总需求都是确定的。这样可以用常数 a 来表示整个配送中打开车厢门和卸货产生的制冷成本。故冷藏配送车辆的制冷成本可表示为：

$$\begin{aligned} C_3 &= \sum_{k=1}^{M}\sum_{i=0}^{N}\sum_{j=0}^{N} b x_{kij} t_{ij} + a \\ &= \sum_{k=1}^{M}\sum_{i=0}^{N}\sum_{j=0}^{N} b x_{kij} \frac{L_{ij}}{V_0(1-r_{ij})} + a \end{aligned} \tag{7-5}$$

其中，b 是制冷消耗系数。

4. 生鲜农产品货损成本（C_4）

配送过程中配送车辆均能利用自带的制冷设备保持车厢在安全温度之下，故生鲜农产品的货损成本只与运输时间和车厢门开启次数和卸货时间有关，与制冷成本分析类似，车厢门开启总次数和卸货总时间是确定的，故货损成本可表示为：

$$\begin{aligned} C_4 &= \sum_{k=1}^{M}\sum_{i=0}^{N}\sum_{j=0}^{N} q x_{kij} t_{ij} + p \\ &= \sum_{k=1}^{M}\sum_{i=0}^{N}\sum_{j=0}^{N} q x_{kij} \frac{L_{ij}}{V_0(1-r_{ij})} + p \end{aligned} \tag{7-6}$$

其中，q 是货损成本系数，p 是车厢门开启和卸货造成的货损常数。

5. 违反客户需求时间窗惩罚成本（C_5）

假设客户 j 要求的冷链配送的时间窗是 $[d_j, u_j]$，最大容忍时间窗是 $[D_j, U_j]$（$D_j \leqslant d_j$，$u_j \leqslant U_j$）。也就是说如果送达时间在 $[d_j, u_j]$ 之内惩罚成本为 0；在 $[d_j, u_j]$ 之外但在 $[D_j, U_j]$ 之内有惩罚成本；在 $[D_j, U_j]$ 之外拒收，惩罚成本为 $+\infty$。设在时间窗 $[d_j, u_j]$ 之前送达的惩罚系数为 w_1，在时间窗 $[d_j, u_j]$ 之后送达的惩罚系数为 w_2，T_j 为配送车辆到达客户 j 的时间点（$D_j \leqslant T_j \leqslant U_j$）。则违反客户需求时间窗惩罚成本可表示为：

$$C_5 = w_1 \sum_{j=1}^{N} \max\{d_j - T_j, 0\} + w_2 \sum_{j=1}^{N} \max\{T_j - u_j, 0\} \tag{7-7}$$

7.2　冷链配送路径优化模型

根据上节分析，基于城市道路实时拥堵状况的农产品冷链物流配送路径优化模型就是寻找一个在满足资源限制（约束条件）的前提下，使得配送总成本最小的配送路径。

目标函数 C，是由固定成本、运输成本、货损成本、制冷耗能成本和违反时间窗惩罚成本组成。

满足总配送路径条数不超过配送中心车辆总数 M 的条件是：

$$\sum_{k=1}^{M}\sum_{j=0}^{N}x_{kij}\leqslant M \quad (i=0) \tag{7-8}$$

限制每条配送路径的始点和终点都是配送中心 v_0 的约束条件是：

$$\sum_{j=1}^{N}x_{kij}=\sum_{j=1}^{N}x_{kji}\leqslant 1 \quad (i=0,k=1,2,3,\cdots,M) \tag{7-9}$$

限定每一个客户点只被一辆配送车送货一次，约束条件表示为：

$$\sum_{k=1}^{M}\sum_{i=0}^{N}x_{kij}\leqslant 1 \quad (j=1,2,3,\cdots,N,i\neq j) \tag{7-10}$$

$$\sum_{k=1}^{M}\sum_{j=0}^{N}x_{kij}\leqslant 1 \quad (i=1,2,3,\cdots,N,i\neq j) \tag{7-11}$$

限定每一条配送路径上的客户需求总量不超过单台冷藏配送车的最大载货量，约束条件表示为：

$$\sum_{i=0}^{N}g_i\sum_{j=0}^{N}x_{kij}\leqslant G \quad (k=1,2,3,\cdots,M,i\neq j) \tag{7-12}$$

其中 g_i 表示第 i 个客户的需求量，G 代表每一辆冷藏配送车的最大载重量。

保证每辆配送车每次配送行驶最大距离小于每辆车最大续航里程 S，约束条件表示为：

$$\sum_{i=0}^{N}\sum_{j=0}^{N}L_{ij}x_{kij}\leqslant S \quad (k=1,2,3,\cdots,M,i\neq j) \tag{7-13}$$

要求配送车到达客户点的时间必须为最大容忍时间窗内，约束条件表示为：

$$D_i\leqslant T_i\leqslant U_i \quad (i=1,\ 2,\ 3,\ \cdots,\ N) \tag{7-14}$$

综上，基于实时路况的农产品冷链物流配送路径优化数学模型构建如下。

$$
\begin{aligned}
\min C &= \min\{C_1 + C_2 + C_3 + C_4 + C_5\} \\
&= \min\{ f\sum_{k=1}^{M} sign(Car_k) + \sum_{k=1}^{M}\sum_{i=0}^{N}\sum_{j=0}^{N} hx_{kij}L_{ij} + \\
&\quad \sum_{k=1}^{M}\sum_{i=0}^{N}\sum_{j=0}^{N} bx_{kij}\frac{L_{ij}}{V_0(1-r_{ij})} + a + \\
&\quad \sum_{k=1}^{M}\sum_{i=0}^{N}\sum_{j=0}^{N} qx_{kij}\frac{L_{ij}}{V_0(1-r_{ij})} + p + \\
&\quad w_1\sum_{j=1}^{N}\max\{d_j - T_j, 0\} + \\
&\quad w_2\sum_{j=1}^{N}\max\{T_j - u_j, 0\}\}
\end{aligned}
$$

$$
s.t.\begin{cases}
\sum_{k=1}^{M}\sum_{j=0}^{N} x_{kij} \leqslant M \quad (i=0) \\
\sum_{j=1}^{N} x_{kij} = \sum_{j=1}^{N} x_{kji} \leqslant 1 \quad (i=0, k=1,2,3,\cdots,M) \\
\sum_{k=1}^{M}\sum_{i=0}^{N} x_{kij} \leqslant 1 \quad (j=1,2,3,\cdots,N, i\neq j) \\
\sum_{k=1}^{M}\sum_{j=0}^{N} x_{kij} \leqslant 1 \quad (i=1,2,3,\cdots,N, i\neq j) \\
\sum_{i=0}^{N} g_i \sum_{j=0}^{N} x_{kij} \leqslant G \quad (k=1,2,3,\cdots,M, i\neq j) \\
\sum_{i=0}^{N}\sum_{j=0}^{N} L_{ij}x_{kij} \leqslant S \quad (k=1,2,3,\cdots,M, i\neq j) \\
D_i \leqslant T_i \leqslant U_i \quad (i=1,2,3,\cdots,N)
\end{cases}
\tag{7-15}
$$

7.3 冷链配送路径优化模型求解

本模型是在冷链配送车辆路径优化问题中以配送成本最小为目标，寻找最优配送路径。对于影响因素和约束条件较多的情况下，如使用精确算法是非常困难的，而蚁群算法是一种随机搜索算法，它模仿蚁群觅食过程的行为，来寻找最短路径，被广泛应用于车辆高度、任务分配、图着色、大规模集成电路设计、通信网络等领域。寻找车辆配送最短（最优）路径的过程非常类似于蚂蚁觅食，而且蚁群算法搜索时间快、效率高、优化效果好。因此，本章运用蚁群算法优化生鲜农产品冷链配送路径，以达到最小配送成本的目的。

7.3.1　蚁群算法基本原理

蚂蚁是自然界中最常见的群居生物，虽然它们什么也看不见，但却能够散发一种特殊物质叫信息素，通过这种信息素能够为同伴传递信息，集体完成复杂的群体觅食大业。同时，这个信息素也会慢慢挥发，随着时间变得越来越淡。当有不同的蚂蚁通过几条不同的路径找到食物后，它们会沿原路返回，在返回的同时也留下信息素，信息素越浓的路径意味着这条路径上的觅食蚂蚁返回来越快，后继觅食的蚂蚁就会越喜欢选择该路径。在某一段时间内，某条路径上信息素浓度越高，后继觅食的蚂蚁选择该条路径的概率也就越大，通过的蚂蚁数量也就越来越多，最终形成了一条蚁巢与食物之间的最短路径。蚂蚁觅食的路径选择过程如图7－2所示。

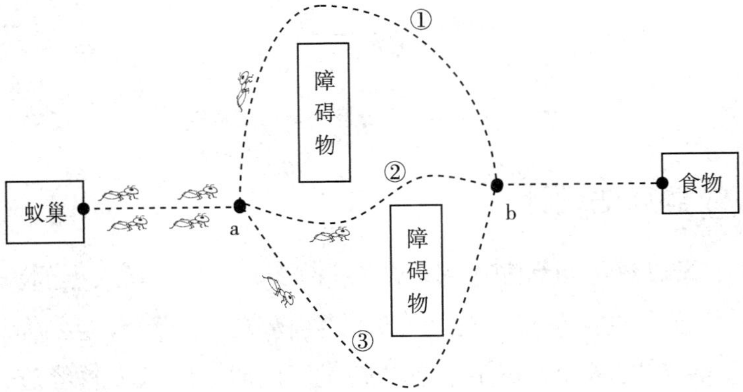

图7－2　蚂蚁觅食过程示意图

从图7－2可以看到，蚂蚁从蚁巢出发外出觅食，要途经a、b两个地方才能抵达食物位置。当某只蚂蚁到达a遇见障碍物时，该蚂蚁可选择①、②、③三条路径中任意一条，注意到这三条路径的长度是有差别的。第一批蚁群到达 a 处时，由于事先没有蚂蚁经过，此时三条路径上的信息素浓度均为 0，第一批蚂蚁（以相同概率）随机选择不同的路径，这样第一批蚂蚁经过三条路径上的数量大致相等。第一批蚂蚁通过不同的路径找到食物后各自原路返回，显然，所有经过路径②蚂蚁率先返回到 a 点。这样路径②上积累的信息素浓度将大于其他路径，当紧随其后的一批蚂蚁到达 a 处时，由于路径②的信息素浓度比较大，则后继蚂蚁选择路径②概率也会明显提高。经过逐渐积累，最短长度路径上的信息素浓度将越来越高，选择该段路径②的蚂蚁也越来越多。最后，由数量巨大的蚂蚁群体行为就构成了一条蚂蚁觅食的最短路径，如图 7－3 所示。

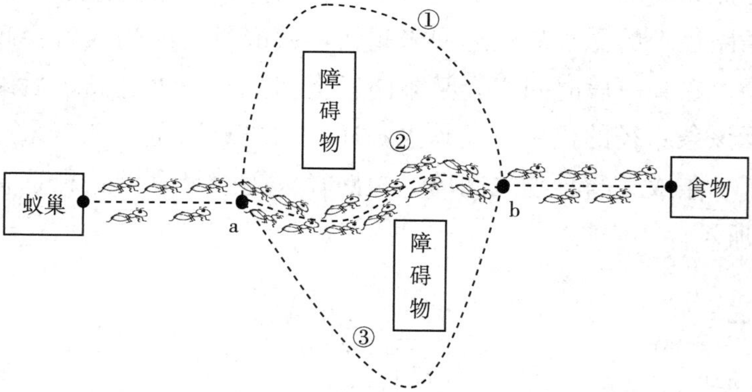

图 7－3　蚂蚁觅食最短路径示意图

7.3.2　蚁群算法设计

算法中蚂蚁数量即为配送车辆的数量 M，食物即需求点的数量为 N，设 $\tau_{ij}(T)$ 为在 T 时刻蚂蚁（配送车）由食物（需求点）i 走到需求点 j 的过程中，在经过的路径上留下信息素的量。同时，蚂蚁 k 每经过一个需求点后，便将该需求点序号加在蚂蚁 k 对应的禁忌表 $tabu_k$ 中。设 $P_{ij}^k(T)$ 表示第 k 只蚂蚁在 T 时刻由需求点 i 往需求点 j 移动的概率，则 $P_{ij}^k(T)$ 定义如下：

$$P_{ij}^{k}(T)=\begin{cases}\dfrac{\tau_{ij}^{\alpha}(T)\eta_{ij}^{\beta}(T)}{\sum\limits_{l\in allow_k}\tau_{il}^{\alpha}(T)\eta_{il}^{\beta}(T)} & j\in allow_k\\ 0 & \text{其他}\end{cases} \tag{7-16}$$

式（7-16）中，$allow_k=\{1, 2, \cdots, N\}$ 表示蚂蚁 k 尚未访问的需求点集合，即与当前需求点相邻但不包含已访问过需求点的集合。蚂蚁 k 完成一个巡游之后，如果 N 个需求点都被填入禁忌表 $tabu_k$，则它的巡游路径就是求最优路径的一个可行解。

α 和 β 分别是两个权重系数，基中 α 表示在残留路径 ij 上的信息素对后继蚂蚁选择这条路径的影响大小。当 $\alpha=0$ 时，表示对蚂蚁没有任何影响，完全以随机概念选择路径；β 是先验知识启发因子，表示先验知识（可预见度）对蚂蚁选择路径的影响程度，当 $\beta=0$ 时，表示蚂蚁会完全按照信息素浓度大小选择。

$\eta_{ij}(T)$ 是启发函数，表示蚂蚁由 i 移动到 j 的概率，依据本书具体问题将其定义为：

$$\eta_{ij}(T)=\frac{1-r_{ij}}{L_{ij}} \tag{7-17}$$

这里 L_{ij} 为需求点 i 与到需求点 j 距离，r_{ij} 为此段道路的拥堵系数。

由于信息素浓度是影响蚂蚁选择路径的重要因素，因此需要对信息素进行及时更新。信息素的更新公式为：

$$\tau_{ij}(T+1)=(1-\rho)\tau_{ij}(T)+\Delta\tau_{ij}(T,T+1) \tag{7-18}$$

上式（7-18）中，ρ 为信息素挥发系数，ρ 的取值范围是 $0<\rho<1$，这是为了避免路径上的信息素无限增加；$\Delta\tau_{ij}(T)$ 表示蚂蚁由需求点 i 与到需求点 j 的移动过程中释放的信息素的增量。通常，初始信息素 $\tau_{ij}(T)=0$，$\Delta\tau_{ij}^{k}(T)$ 表示蚂蚁 k 在 $i\,j$ 上释放的信息素浓度，$\Delta\tau_{ij}(T, T+1)$ 表示蚂蚁经过 $i\,j$ 路径之后信息素增加量。

$$\Delta\tau_{ij}(T,T+1)=\sum_{k=1}^{M}\Delta\tau_{ij}^{k}(T,T+1) \tag{7-19}$$

当蚂蚁访问完所有的城市后进行信息素更新，则信息素的更新公式为：

$$\tau_{ij}(T+N)=(1-\rho)\tau_{ij}(T)+\Delta\tau_{ij}(T,T+N) \tag{7-20}$$

$$\Delta\tau_{ij}(T,T+N)=\sum_{k=1}^{M}\Delta\tau_{ij}^{k}(T,T+N) \qquad (7-21)$$

经历完所有需求点之后，即禁忌表 $tabu_k$ 已经填满，通过计算每只蚂蚁（配送车辆）的配送综合成本，两两比较找出配送综合成本较小也就是较优的路径。然后不断重复循环，一直找不到更优的解为止。

7.3.3 算法实现

构建一个一定规模的蚂蚁蚁群，自起点（配送中心）开始，每只蚂蚁根据每条路径的信息素的浓度来选择路径移动到下一节点（需求点），每条路径的优劣通过释放信息素多少来体现。每个蚂蚁的转移过程都是一个解决方案，重复和循环直到找出最优方案。实现步骤为：

Step 1：初始化化各个参数，令 $T=0$，迭代次数 $N_{co}=0$，令 $\max N_{co}$ 为最大迭代次数，初始信息素量 $\tau_{ij}(0)=c$(c 为常量)，信息素增量 $\Delta\tau_{ij}(0)=0$，定义和清空禁忌表 $tabu$；

Step 2：将 M 只蚂蚁放到 N 个需求点；

Step 3：开始循环计数 $N_{co}=N_{co}+1$；

Step 4：令禁忌表索引号 $k=1$；

Step 5：$k=k+1$；

Step 6：根据转移概率公式（7－16），计算蚂蚁选择需求 j 的概率；

Step 7：比较每个需求点转移概率，然后将蚂蚁转到转移概率最大的需求点，同时这个点列入禁忌表 $tabu_k$；

Step 8：如果 $k<N$，表示仍有需求点没被访问，则转到 Step 5，否则继续下一步 Step 9；

Step 9：计算蚂蚁（配送车）走过路径的综合成本 C_k，按公式（7－19）、（7－20）、（7－21）进行信息素更新；

Step 10：如果迭代次数 $N_{co}<\max N_{co}$，则将禁忌表清空、转至 Step 3，否则循环终止、输出结果。

上述求解最优路径算法的流程图如图 7－4 所示。

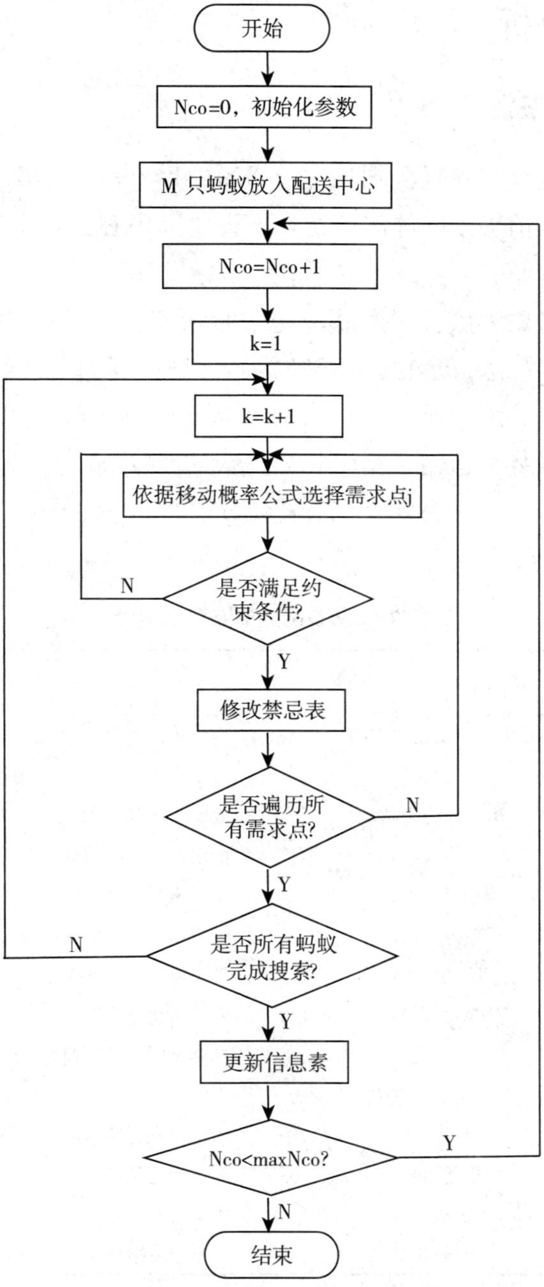

图 7－4　冷链物流配送最优路径蚁群算法流程示意图

7.4 实例分析

7.4.1 数据来源

广西某乳业有限责任公司成立于2005年，是一家集水乳品研制、开发、生产加工、销售于一体的公司，下设研究中心、合作加工厂、营销中心、配送物流中心。

本章研究对象为该公司产品配送中心为南宁市城区22个瓶装鲜奶需求点[①]（社区配送站、幼儿园、奶吧等）冷链配送过程。该公司冷链配送的鲜奶产品为瓶装鲜牛奶，容量为200毫升，每瓶鲜奶重量约为380克，通过标准转运筐装车运输，每筐装25瓶，冷藏运输温度为2～6℃。

鲜奶配送中心编号为0，各需求点编号为1，2，…，22。具体名称和地址如表7-1所示。

表7-1 各配送节点详细地址

编号	配送中心及需求点	详细地址
0	壮牛水牛奶配送中心	南宁市西乡塘区邕武路24-1号
1	琅东配送站	南宁市桃源路商业厅大院
2	东沟岭配送站	南宁市景观路18号阳光绿城
3	玉洞配送站	南宁市景华路与景华三街交叉口
4	南湖配送站	南宁市星湖路39号大板二区21栋
5	新兴苑配送点	南宁市竹溪南路18号新兴苑
6	凤岭配送站	南宁市民族大道155号荣和山水美地
7	江南配送站	南宁市星光大道11号
8	西乡塘配送站	南宁市西乡塘陈西村128号
9	北大配送站	南宁市北大北路27号
10	金地幼儿园	南宁市五象路357号
11	金花园幼儿园	南宁市花园路南78号
12	圆梦幼儿园	南宁市桃村路10-10号
13	乐洁幼儿园	南宁市友谊路19-8号

① 本书列举需求点为该公司在保证其商业秘密下有选择性提供。

（续）

编号	配送中心及需求点	详细地址
14	童昇幼儿园	南宁市江南区亭高路 48－6 号
15	相思湖幼儿园	南宁市相思湖东路心圩新村
16	思贤乐幼儿园	南宁市思贤路 36－23 号
17	新世纪花园奶吧	南宁市安吉大道 32 号
18	市政小区奶吧	南宁市安吉大道西一里 1 号
19	经干院奶吧	南宁市石埠街道新村大道 1 号
20	科园大道新村奶吧	南宁市科园大道 156 新村大厦
21	高峰菜市奶吧	南宁市邕武路 14 号
22	新村路奶吧	南宁市新村路 4 号

根据各配送节点的具体地址，在百度地图上作标记，则各节点地理分布图如图 7－5 所示。

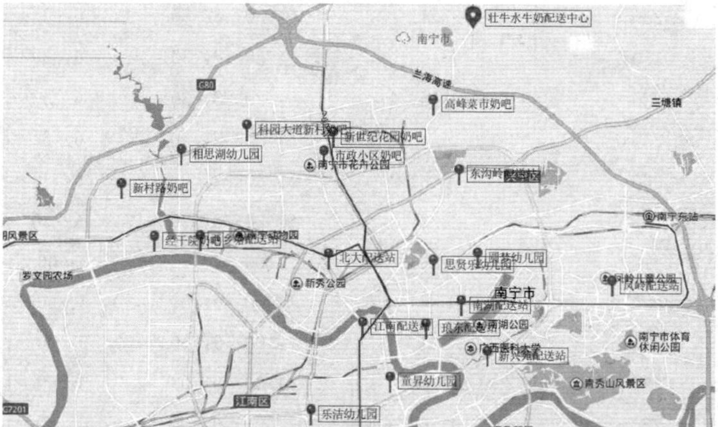

图 7－5　各配送节点地理分布图

牛奶配送中心对市区各需求点进行配送时，要以各需求点的满意度为最大前提，将鲜奶在规定的温度和各需求点要求的时间范围内足量送达，如果超出某个需求点的约定时间范围，根据提前或延误的时间长短对该次配送实施经济惩罚，如果超出可接受的时间范围，除被要求经济赔偿外甚至有可能会被拒收。各需求点鲜奶需求量及约定的服务时间窗如表 7－2 所示。

表 7－2　各配送节点需求量及服务时间窗①

编号	需求量（瓶）	折算成重量（千克）	约定时间窗	可接受时间窗
1	682	259.2	6：30—8：30	6：00—10：00
2	451	171.4	6：30—8：30	6：00—10：00
3	545	207.1	6：30—8：30	6：00—10：00
4	784	297.9	6：30—8：30	6：00—10：00
5	467	177.5	6：30—8：30	6：00—10：00
6	532	202.2	6：30—8：30	6：00—10：00
7	678	257.6	6：30—8：30	6：00—10：00
8	721	274.0	6：30—8：30	6：00—10：00
9	523	198.7	6：30—8：30	6：00—10：00
10	210	79.8	6：30—8：30	6：30—8：30
11	230	87.4	6：30—8：30	6：30—8：30
12	250	95.0	6：30—8：30	6：30—8：30
13	220	83.6	6：30—8：30	6：30—8：30
14	280	106.4	6：30—8：30	6：30—8：30
15	360	136.8	6：30—8：30	6：30—8：30
16	190	72.2	6：30—8：30	6：30—8：30
17	210	79.8	7：00—9：00	6：00—10：00
18	220	83.6	7：00—9：00	6：00—10：00
19	230	87.4	7：00—9：00	6：00—10：00
20	290	110.2	7：00—9：00	6：00—10：00
21	270	102.6	7：00—9：00	6：00—10：00
22	220	83.6	7：00—9：00	6：00—10：00

在百度地图上分别查询各配送节点之间自驾车行车最短路线距离②，得到各配送节点之间的配送行车距离如表 7－3 所示。

---

① 此处需求量为某一销售时段的平均销售量。

② 在实际中，由于交通规则的原因从 A 点到 B 点的行车距离并不一定等于从 B 点到 A 点的行车距离，为简化问题，此处不作区别。

表 7－3　各配送节点之间的行车距离

单位：千米

编号	0	1	2	3	4	5	6	7	8	9	10	11	12	13	14	15	16	17	18	19	20	21	22
0	0.0	14.0	7.7	28.1	12.8	16.5	16.9	15.2	17.8	13.7	28.3	27.1	15.6	19.6	16.2	14.7	10.9	10.0	10.2	18.0	11.9	4.1	18.1
1	14.0	0.0	7.5	10.4	2.5	3.5	9.3	3.6	9.9	5.8	10.4	10.3	4.8	8.5	3.7	14.5	4.1	8.7	8.9	11.6	12.3	9.9	14.5
2	7.7	7.5	0.0	15.7	6.6	10.2	10.6	8.5	14.9	7.4	15.7	15.7	5.9	13.3	9.9	14.8	4.7	7.0	7.2	15.1	10.8	4.0	15.2
3	28.1	10.4	15.7	0.0	12.1	10.8	18.0	9.4	16.0	12.4	1.4	1.0	14.4	7.4	7.7	20.4	12.9	12.9	17.0	18.0	18.9	18.3	20.0
4	12.8	2.5	6.6	12.1	0.0	4.4	7.9	4.8	10.9	6.7	12.1	13.6	2.8	9.7	5.0	15.4	3.2	9.0	9.9	12.8	12.1	9.1	15.7
5	16.5	3.5	10.2	10.8	4.4	0.0	6.7	7.2	14.0	9.9	10.4	11.6	5.1	9.4	4.6	18.0	6.0	12.1	12.9	15.9	15.2	11.6	18.2
6	16.9	9.3	10.6	18.0	7.9	6.7	0.0	11.7	15.6	12.7	16.7	17.1	7.0	14.9	10.3	24.1	8.6	15.5	14.8	18.7	18.4	12.1	24.2
7	15.2	3.6	8.5	9.4	4.8	7.2	11.7	0.0	8.0	3.1	10.7	9.0	5.9	6.8	3.2	12.2	4.5	8.3	8.7	9.9	10.4	9.4	12.5
8	17.8	9.9	14.9	16.0	10.9	14.0	15.6	8.0	0.0	6.9	19.3	17.3	13.3	12.0	11.5	4.1	10.9	11.1	9.6	1.5	7.1	14.8	4.2
9	13.7	5.8	7.4	12.4	6.7	9.9	12.7	3.1	6.9	0.0	13.8	12.0	8.1	8.0	6.2	9.1	5.6	5.9	4.7	8.8	7.2	8.2	9.3
10	22.0	10.4	15.7	1.4	12.1	10.4	16.7	10.7	19.3	13.8	0.0	2.2	15.6	8.3	8.7	21.5	14.1	18.0	17.5	18.6	20.1	19.1	20.6
11	16.6	10.3	15.7	1.0	13.6	11.6	17.1	9.0	17.3	12.0	2.2	0.0	13.4	6.1	6.5	19.3	11.9	15.8	15.3	16.4	17.9	16.9	18.4
12	15.6	4.8	5.9	14.4	2.8	5.1	7.0	5.9	13.3	8.1	15.6	13.4	0.0	11.6	7.5	17.6	2.6	9.1	9.3	13.8	12.6	8.3	17.4
13	19.6	8.5	13.3	7.4	9.7	9.4	14.9	6.8	12.0	8.0	8.3	6.1	11.6	0.0	3.9	13.4	9.2	12.2	11.1	10.7	13.5	20.4	13.1
14	16.2	3.7	9.9	7.7	5.0	4.6	10.3	3.2	11.5	6.2	8.7	6.5	7.5	3.9	0.0	16.1	7.2	11.1	11.1	13.3	13.2	12.8	16.0
15	14.7	14.5	14.8	20.4	15.4	18.0	24.1	12.2	4.1	9.1	21.5	19.3	17.6	13.4	16.1	0.0	13.6	7.8	7.5	4.5	3.2	12.9	5.0
16	10.9	4.1	4.7	12.9	3.2	6.0	8.6	4.5	10.9	5.6	14.1	11.9	2.6	9.2	7.2	13.6	0.0	8.0	7.9	12.3	11.4	8.1	15.1
17	10.0	8.7	7.0	12.9	9.0	12.1	15.5	8.3	11.1	5.9	18.0	15.8	9.1	12.2	11.1	7.8	8.0	0.0	1.6	9.4	4.2	7.2	10.0
18	10.2	8.9	7.2	17.0	9.9	12.9	14.8	8.7	9.6	4.7	17.5	15.3	9.3	11.1	11.1	7.5	7.9	1.6	0.0	8.4	4.3	6.1	9.1
19	18.0	11.6	15.1	18.0	12.8	15.9	18.7	9.9	1.5	8.8	18.6	16.4	13.8	10.7	13.3	4.5	12.3	9.4	8.4	0.0	7.4	17.1	3.0
20	11.9	12.3	10.8	18.9	12.1	15.2	18.4	10.4	7.1	7.2	20.1	17.9	12.6	13.5	13.2	3.2	11.4	4.2	4.3	7.4	0.0	9.9	7.1
21	4.1	9.9	4.0	18.3	9.1	11.6	12.1	9.4	14.8	8.2	19.1	16.9	8.3	20.4	12.8	12.9	8.1	7.2	6.1	17.1	9.9	0.0	14.2
22	18.1	14.5	15.2	20.0	15.7	18.2	24.2	12.5	4.2	9.3	20.6	18.4	17.4	13.1	16.0	5.0	15.1	10.0	9.1	3.0	7.1	14.2	0.0

7.4.2 参数设置

配送中心安排 3 辆福田驭菱冷藏车对各需求点配送冷藏瓶装鲜奶，每辆冷藏车最大载重量为 2.0 吨，加满油全程制冷情形下市区配送最大行驶路程约 90 千米，每辆车的固定成本为 120 元/次，配送冷藏车行驶成本平均为 2.1 元/千米，车辆在正常无拥堵道路行驶平均速度为 30 千米/小时，车辆从早上 6 点开始从配送中心出发，配送完毕后回到配送中心。

蚁群算法的参数选取对最优结果搜索能力和收敛效果起到至关重要作用。本章参考已有研究成果及反复数据实验，信息素启发因子、期望度启发因子、信息素挥发系数分别取 1、3 和 0.4，蚂蚁数量取 15，最大迭代次数为 200。

具体参数含义及取值如表 7－4 所示。

表 7－4　参数取值及含义

参数	参数值	参数含义	参数	参数值	参数含义
G	2.0	配送车最大载重量（吨）	t_0	6：00	配送开始时间
S	90	配送车最大行程（千米）	u	0.001	卸货速度（小时/千克）
V_0	30	配送车平均车速（千米/小时）	M	3	配送车数量（辆）
h	2.1	配送车行驶成本（元/千米）	N	22	需求点个数
f	120	每辆车固定成本（元/次）	$\max N_{co}$	200	最大迭代次数
a	300	固定制冷成本（元）	Ant	15	蚂蚁数量
b	6.5	制冷消耗系数（元/小时）	α	1	信息启发因子
q	3	货损成本系数（元/小时）	β	3	期望启发因子
p	60	单次配送货损常数（元）	ρ	0.4	信息素挥发系数
w_1	5	早于时间窗到惩罚系数	Q	100	信息素强度
w_2	20	晚于时间窗到惩罚系数	c	1	初始信息素

对于道路拥堵系数，从百度地图提取 2017 年 11 月 23 日 8：30 南宁城区道路实时路况。实时路况分“畅通”、“缓行”、“拥挤”、“严重拥堵”四个等级，在一条路径上路况拥堵等级占比最大的为这条路径上的代表路况，四个等级分别取拥堵系数 0.2、0.4、0.6、0.8。

7.4.3 计算结果

利用表 7－3 所建立的冷链配送路径优化模型和算法对例子求解，运用MATLAB编程计算，在个人计算机上运行5次，结果如表7-5所示。

表7-5 运算结果

运行次数	最优解	最优配送路径
1	1 166.86	0-17-20-15-22-19-8-18-0 0-2-12-16-4-7-9-21-0 0-1-14-13-11-3-10-5-6-0
2	1 165.66	0-17-20-15-22-19-8-18-0 0-2-12-16-4-7-9-21-0 0-1-14-13-11-10-3-5-6-0
3	1 162.63	0-17-20-15-22-19-8-18-21-0 0-2-12-16-4-7-9-0 0-1-14-13-11-3-10-5-6-0
4	1 181.36	0-17-20-15-22-19-8-18-21-0 0-9-16-12-4-1-7-9-0 0-14-13-11-3-10-5-6-0
5	1 166.86	0-17-20-15-22-19-8-18-0 0-2-12-16-4-7-9-21-0 0-1-14-13-11-3-10-5-6-0

从运算结果看，鲜奶最优冷链配送方案为：

启用3辆冷藏配送车。车辆1配送线路：0-17-20-15-22-19-8-18-21-0；车辆2配送线路：0-2-12-16-4-7-9-0；车辆3配送线路：0-1-14-13-11-3-10-5-6-0。如表7-6所示。

表7-6 最优配送方案

车辆序号	装货量（瓶）	车辆配送次序	路径总长度（千米）
1号车	2 522	新世纪花园奶吧、科园大道新村奶吧、相思湖幼儿园、新村路奶吧、经干院奶吧、西乡塘配送站、市政小区奶吧、高峰菜市奶吧	46.7
2号车	2 876	东沟岭配送站、圆梦幼儿园、思贤乐幼儿园、南湖配送站、江南配送站、北大配送站	41.0
3号车	3 167	琅东配送站、童昇幼儿园、乐洁幼儿园、金花园幼儿园、玉洞配送站、金地幼儿园、新兴苑配送点、凤岭配送站	64.1

最优配送方案的配送路线示意图如图 7-6。

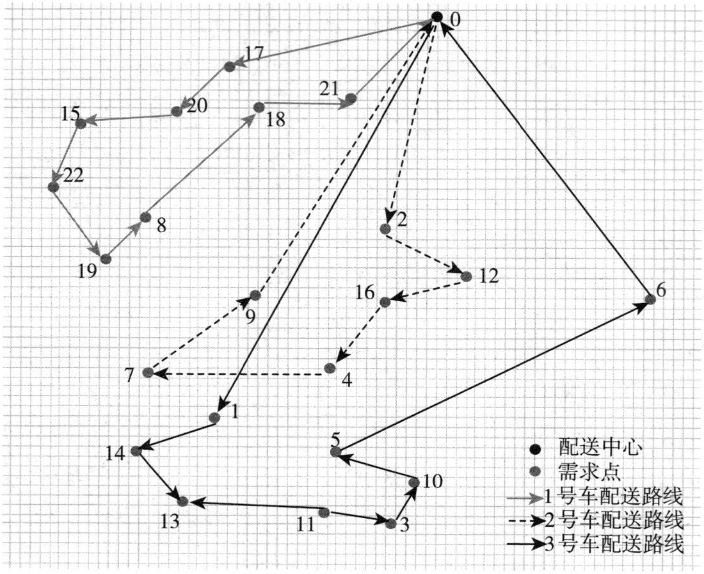

图 7-6　最优配送路线示意图

最优配送方案总成本为 1 162.63 元，共 3 条配送路径，三辆冷藏配送车的装载率均分别为 47.90%、54.64%、60.16%。成本构成如表 7-7 所示。

表 7-7　最优配送方案成本构成表

车辆	装载率	固定成本	运输成本	制冷成本	货损成本	惩罚成本	总成本
1	47.90%	120.00	98.07	115.74	27.27	9.95	371.03
2	54.64%	120.00	86.10	113.21	26.10	10.32	355.72
3	60.16%	120.00	134.61	116.22	27.49	37.56	435.88
合计		360.00	318.78	345.17	80.85	57.83	1 162.63
成本比率		30.96%	27.42%	29.69%	6.95%	4.97%	100.00%

7.4.4　结果对比分析

在不考虑城市道路实时路况情况时，该配送中心的原始配送方案是：车辆 1 配送线路：0 配送中心-17 新世纪花园奶吧-20 科园大道新村奶吧-

15 相思湖幼儿园- 22 新村路奶吧- 19 经干院奶吧- 8 西乡塘配送站- 18 市政小区奶吧- 21 高峰菜市奶吧- 0 配送中心；车辆 2 配送线路：0 配送中心- 2 东沟岭配送站- 16 思贤乐幼儿园- 12 圆梦幼儿园- 4 南湖配送站- 1 琅东配送站- 7 江南配送站- 9 北大配送站- 0 配送中心；车辆 3 配送线路：0 配送中心- 14 童昇幼儿园- 13 乐洁幼儿园- 11 金花园幼儿园- 3 玉洞配送站- 10 金地幼儿园- 5 新兴苑配送点- 6 凤岭配送站- 0 配送中心。原始配送方案在同一天（道路拥堵情形一样）的实际配送成本为 1 210.35 元。

基于实时路况的优化方案与原始配送方案对比如表 7 - 8 所示。

表 7 - 8 基于实时路况的优化方案与原始配送方案对比表

方案	最小配送成本	相应的配送路径	备注
原始方案	1 210.35	0 - 17 - 20 - 15 - 22 - 19 - 8 - 18 - 21 - 0 0 - 2 - 16 - 12 - 4 - 1 - 7 - 9 - 0 0 - 14 - 13 - 11 - 3 - 10 - 5 - 6 - 0	启用 3 辆冷藏配送车
基于实时路况的优化方案	1 162.63	0 - 17 - 20 - 15 - 22 - 19 - 8 - 18 - 21 - 0 0 - 2 - 12 - 16 - 4 - 7 - 9 - 0 0 - 1 - 14 - 13 - 11 - 3 - 10 - 5 - 6 - 0	启用 3 辆冷藏配送车

基于实时路况的优化方案与原始配送方案成本分析如表 7 - 9 所示。

表 7 - 9 基于实时路况的优化方案与原始配送方案成本分析

方案	总配送成本	车辆固定成本	运输成本	制冷成本	货损成本	时间窗惩罚成本
原始方案	1 210.35	360.00	329.49	345.29	80.90	94.66
基于实时路况的优化方案	1 162.63	360.00	318.78	345.18	80.85	57.83

从表 7 - 8 和表 7 - 9 可看出，基于实时路况的冷链配送优化方案在不增加任何固定投资的情况下总配送成本降低了 3.94%，特别是违反时间窗惩罚成本降低 39.81%，降幅最为明显。这表明基于实时路况的冷链配送优化方案能根据道路实时拥堵信息灵活调整冷藏车辆配送策略，有效提高了冷链配送商品的准时送达率，在降低配送成本的同时也提高了顾客满意度。

另一方面，由于车辆固定成本最高，且配送车装载率和单辆配送路径长度均有较大富余度，而不满足配送服务时间窗的惩罚成本占比较高。分析其原因是各需求点对鲜奶的配送时间要求都集中在早上 9：00 以前。结合本例实际情况，可以从配送活动参与的两个相关利益方（鲜奶公司配送中心和城区各需求点）进行适当沟通与调整可获取更优的配送方案：

一是配送中心，可考虑调整冷链配送车的发车时间，如本例中将第 3 辆冷藏配送车提前 20 分钟发车将直接将惩罚成本从 57.83 元降到 37.83 元，同时有效地提高了顾客满意度。

二是通过与客户沟通调整部分客户需求时间，可有效提高冷藏车的利用率、减少固定成本。

7.5 本章小结

本章对基于实时信息的农产品冷链物流配送路径优化模型进行构建。以实时路况信息为例，首先对带有时间窗约束的冷链物流车辆配送路径问题及其数学模型进行分析，结合农产品冷链配送的特点给出了模型假设和变量、对配送成本进行分析。

然后在考虑时间窗约束、配送车辆约束、客户需求约束，以配送总成本最小为目标构建了配送路径优化模型并使用蚁群算法设计了模型的求解方法。

最后以一个具体的例子：广西某乳业有限责任公司对南宁市城区 22 个瓶装鲜牛奶需求点的冷链配送数据和相关参数，代入模型求解得到一个最优配送方案。经与原始配送方案对比分析发现，基于城市道路实时拥堵信息的农产品冷链物流配送路径优化模型能得到配送成本更低的配送方案，特别是违反时间窗惩罚成本降幅最大，意味着在不增加任何固定投资的情况下，优化方案提高准时送达率，在降低配送成本的同时提高了顾客满意度。

第8章

CHAPTER 8

基于接驳点的冷链物流配送路径优化研究

农产品冷链物流企业为了提高配送效率、提升客户满意度和降低配送成本，除了有效运用大数据和信息管理系统之外，冷库及配送中心规划设置、车辆运输路线规划与配送方式上的改进与创新也都是冷链物流企业要考虑的内容。2017年4月，国务院办公厅印发的《关于加快发展冷链物流保障食品安全促进消费升级的意见》（国办发〔2017〕29号）也明确提出“鼓励冷链物流企业经营创新”。但是由于投入资本、区域规划、城市地价等因素的影响，冷链物流企业不可能设置太多的冷链配送中心，同时考虑到城市中心地段地价较高，一般冷链物流企业会将冷链配送中心设置在地价较低的城郊。而接受农产品配送服务的超市、便利店、饭店、食堂等需求点往往位于交通拥挤的市中心，甚至是狭小的街道弄堂。如果冷链配送车辆太大，对于频繁地卸货会增加制冷成本，配送后期大车拉少货时又会增加运输成本，甚至有些街头巷口的配送点因为道路太窄而无法送达；如果冷链配送车辆太小，由于车厢容量的限制需要频繁往返配送中心和配送区域（市中心），这无疑也是大大增加配送成本、浪费时间、降低效率。

为了减少冷链配送车辆往返配送中心的次数，参照一些快递公司利用大型卡车进行接驳补货的思路（“2009年，顺丰速运试点实施‘移动仓库’策略，实施后在月收件量和人均效能上均有明显提升”[①]），生鲜农产品的冷链配送也可以引入接驳点并安排接驳车辆的模式。冷链配送接驳车

① “SF杯”第三届全国大学生物流设计大赛案例，2010，教育部高等学校物流类专业教学指导委员会。

辆通常以小微型厢式货车为主，一般采用相变蓄冷材料制冷[①]或是泡沫箱保温方式来保证生鲜农产品的低温状态，虽然这样的制冷和保温方式对保证生鲜农产品的安全温度有一定的时间限制，但耗能成本（特别是泡沫箱保温方式可近似地认为耗能成本为零）远远低于普通冷藏车辆制冷机组。这样尽可能地将带有制冷机组的大型冷藏车从“穿街过巷”中解放出来，减少总的运输成本和制冷耗能。同时，在冷链配送过程中大（大型冷藏车）小（小微型保温厢式货车）车辆密切配合，大型冷藏车载重量大、可持续制冷，小型接驳车速度快、机动性高、运输和制冷成本低，这种优势互补、灵活多变的冷链配送方式，使得在牺牲小量货损情形下整个配送系统成本更低、效率更高。图 8-1 即为含接驳方式的冷链配送示意图。

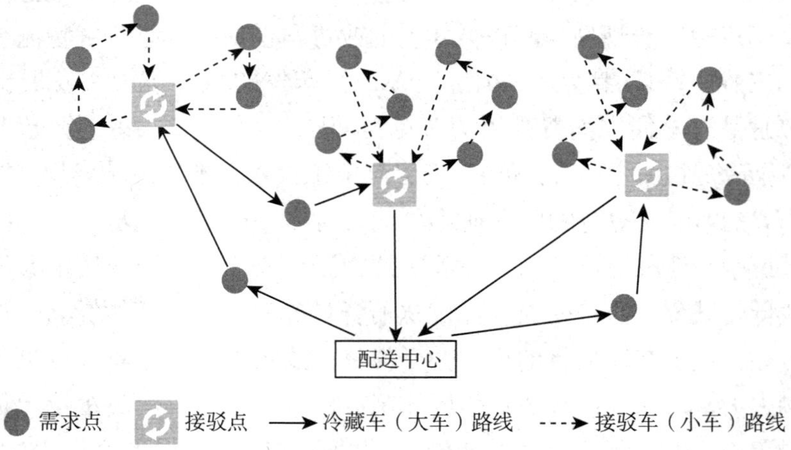

图 8-1　采用接驳方式的冷链配送示意图

在图 8-1 所示的基于接驳点的冷链配送系统下，在已有冷藏配送车辆和接驳小货车的条件，满足顾客配送需求及生鲜农产品安全前提下，如何恰当地设置接驳点，规划配送和接驳路径，使得整个冷链配送方案的总配送成本最低。本章将基于接驳点情形下冷链物流配送路径优化及接驳点选择问题，建立一个基于接驳点的农产品冷链物流配送路径优化模型。

---

① 利用冰袋或者干冰等蓄冷材料在相变过程中释放冷量的一种制冷方式。

8.1　问题描述与假设

一个冷链物流配送中心在冷库足够大、货源充足情况下为城区内多个需求点低温配送鲜活农产品的问题。鲜活农产品冷链物流配送中心拥有 M_1 辆专用冷藏配送车、M_2 辆接驳小货车，为市区 N 个需求点提供生鲜农产品配送服务。为提高配送效率和节约成本，在市区条件允许的地方设置了 R 个接驳点，冷藏配送车可在接驳点临时停车并将车上全部或部分货物转装到一辆或多辆接驳小货车上，由接驳小货车继续进行后续冷链配送。每辆冷藏配送车从配送中心出发，经过各接驳点或需求点后返回配送中心，接驳小货车在各接驳点装卸冷藏配送车上的货物出发前往各需求点后返回接驳点。本章优化的目标是依据现有配送资源、可选择接驳点和客户需求量、需求时间窗口等情况，构建数学模型，采用合适的算法，快速选取接驳点、寻找一个配送策略：从鲜活农产品冷链物流配送中心出发安排冷藏配送车辆的发车顺序、发车规模、发车时间和行驶路线，接驳小货车的接货时间、送货顺序、送货规模和行驶路线，由配送中心或接驳点出发后直至完成对客户（需求点）的服务这一过程中所发生的运输配送成本、货损成本、制冷能耗成本、惩罚成本以及固定成本等总配送成本最小。如图 8-2 所示。

假设如下：

（1）不考虑道路拥堵、限行等不确定因素，即冷藏配送车和接驳小货车在配送过程中均匀速行驶；

（2）冷藏配送车与接驳小货车数量固定，每辆车载重量有限，每个客户的总需求量不超单车最大装载量（此假设便于模型求解，在实际情况中若某个客户总需求量大于单车最大装载量，可将此客户拆分成两个或两个以上客户对待）；

（3）每个需求点均得到配送服务且所需生鲜农产品只能由一辆冷藏车或接驳小货车配送，若接驳点启用只能由一辆冷藏车经停配送且冷藏车在接驳点不空等；

（4）每条配送路径上的总长度不大于配送车辆的续航里程（即配送车

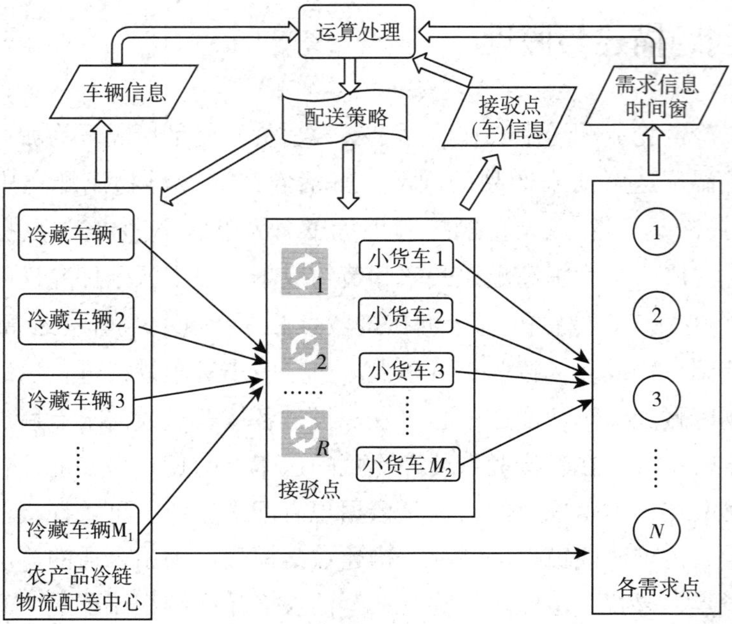

图 8-2 基于接驳点的冷链物流配送示意图

辆中途无需加油）；

（5）配送中心有满足客户需求的足够的生鲜农产品贮量，且客户的需求量、需求时间窗已知；

（6）配送中心、接驳点和客户点地理位置已知，即各点之间距离已知且满足三角不等式：$d_{ij} \leqslant d_{ik} + d_{kj}$；

（7）生鲜农产品需在指定时间窗送达，超过时间范围需支付惩罚金；

（8）冷藏配送车从配送中心出发，无中途指派配送任务，完成配送任务后返回配送中心，接驳小货车从接驳点出发，一次配送过程中无中途指派任务，完成配送任务后返回接驳点；

（9）不考虑冷藏配送车在配送中心的装货时间，不考虑接驳小货车在接驳点的等待时间，但对在需求点卸货时间和在接驳点的货物卸装时间加以考虑且时间与装卸量有关；

（10）冷藏配送车在运送生鲜农产品的过程能始终保持农产品存储安全温度，不考虑配送中冷藏车车厢内温度变化情况；但接驳小货车采用保温车厢，其车厢温度随时间慢慢升高，即对接驳小货车的配送时间有限制。

8.2　构建模型

8.2.1　参数设置及变量定义

根据模型构建需要，本章参数设置及变量定义如下：

M_1：配送中心拥有冷藏配送车（大车）数量；

M_2：各接驳点拥有接驳保温小货车（小车）数量；

N：配送中心需要服务的客户（农产品配送需求点）数量；

R：市区设置接驳点数量；

v_i：代表配送中心、需求点、接驳点，v_0 代表配送中心，v_i（$i=1$，2，…，N）代表各客户（需求）点，v_i（$i=N+1$，$N+2$，…，$N+R$）代表接驳点；

d_{ij}：表示（v_i，v_j）两点之间的行车距离，$d_{ij}=d_{ji}$；

V：表示冷藏配送车和接驳小货车正常行驶平均速度；

g_i：表示第 i 个客户（需求点）或接驳点的生鲜农产品配送需求量，$i=1$，2，…，N；

t：卸载（含转装在接驳小货车）单位质量货物所需要的时间；

t_i：表示服务客户 i 所用的时间，$t_i=g_it$；

G_1：代表每一辆冷藏配送车的最大载重量；

G_2：代表每一辆接驳小货车的最大载重量；

x_{kij}：冷藏配送车（大车）运行标志变量，用 0、1 表示，$x_{kij}=1$，表示第 k 辆冷藏配送车从 v_i 到 v_j 经过了路段（v_i，v_j），否则 $x_{kij}=0$；

y_{kij}：接驳小货车（小车）运行标志变量，用 0、1 表示，$x_{kij}=1$，表示第 k 辆小货车从 v_i 到 v_j 经过了路段（v_i，v_j），否则 $x_{kij}=0$；

f_1：为每使用一台冷藏配送车（大车）所产生的固定费用；

f_2：为每使用一台接驳保温小货车（小车）所产生的固定费用；

h_1：冷藏配送（大车）的单位里程运输成本；

h_2：接驳车（小车）的单位里程运输成本；

P_r：制冷单位耗能价格；

Q_0：冷藏配送车每打开一次车厢门消耗冷气（耗能）量；

Q_1：冷藏配送车车厢门关闭状态下单位时间消耗冷气（耗能）量；

Q_2：冷藏配送车车厢门打开（卸货）状态下单位时间消耗冷气（耗能）量；

β_0：配送车卸货时单位时间货损成本系数；

β_1：冷藏配送车（大车）运输过程中单位时间货损成本系数；

β_2：接驳小货车运输过程中单位时间货损成本系数；

$[b_i, e_i]$：客户 i 希望生鲜农产品送达时间段；

$[B_i, E_i]$：客户 i 可接受的生鲜农产品送达的时间段，$B_i \leqslant b_i$，$E_i \geqslant e_i$；

T_i：表示配送车或接驳车到达客户 i 的时间点；

w_1：配送时间窗 $[b_i, e_i]$ 之前送达的惩罚系数；

w_2：配送时间窗 $[b_i, e_i]$ 之后送达的惩罚系数；

L：接驳保温小货车最长行驶路程。

8.2.2 成本分析

本章以建立最小的总成本为目标函数来分析基于接驳点的冷链物流配送车辆路径问题，分析各项成本：

1. 配送车辆固定成本（C_1）

冷藏配送车及接驳小货车进行配送服务需要的固定费用，如驾驶员工资、车辆损耗成本等，在同一配送中心中多为常数，故该部分费用与冷藏配送车及接驳小货车的使用数量相关。故配送车辆总固定成本为：

$$C_1 = f_1 \sum_{k=1}^{M_1} sign_1(k) + f_2 \sum_{k=1}^{M_2} sign_2(k) \tag{8-1}$$

其中，$sign_1$（k）和 $sign_2$（k）是第 k 号大车和小车启用标识函数，启用为 1，不使用为 0，即

$$sign_1(k) = \begin{cases} 0 & \sum_{i=0}^{N+R} \sum_{j=0}^{N+R} x_{kij} = 0 \\ 1 & 其他 \end{cases} \tag{8-2}$$

$$sign_2(k) = \begin{cases} 0 & \sum_{i=0}^{N+R} \sum_{j=0}^{N+R} y_{kij} = 0 \\ 1 & 其他 \end{cases} \tag{8-3}$$

2. 配送车辆运输变动成本（C_2）

冷藏配送车和接驳小货车的运输成本包括车辆燃油费、维修费、保养成本等，与车辆行驶里程数正相关，因为大车的单位里程运输成本为 h_1，小车的单位里程运输成本为 h_2，所以大车和小车的运输变动成本为：

$$C_2 = \sum_{k=1}^{M_1}\sum_{i=0}^{N+R}\sum_{j=0}^{N+R} h_1 x_{kij} d_{ij} + \sum_{k=1}^{M_2}\sum_{i=0}^{N+R}\sum_{j=0}^{N+R} h_2 y_{kij} d_{ij} \qquad (8-4)$$

3. 冷藏配送车辆制冷能耗成本（C_3）

冷藏配送车辆（大车）的制冷能耗成本主要是消耗冷气后补充冷气的耗能成本，制冷耗能量与制冷时间、车厢大小、车厢内外温差、车厢装载货物多少、排开车厢门次数和打开车厢时间（卸货时间）都有关，但由于配送车辆车厢规格固定、配送生鲜农产品对车厢温度要求一定，外部环境相对稳定。对冷藏配送车辆制冷成本可近似地认为与车辆运行时间、开车厢门次数和开车厢门时间（卸货时间即在接驳点或客户点停留时间）正相关。而接驳保温小货车（小车）一般采用泡沫保温箱保温，顶多在保温箱中加入冰袋或干冰袋，所以此研究不考虑接驳保温小货车（小车）的制冷成本。

又由于在配送中心装货时一般是在冷库中进行，所以不考虑冷藏配送车在配送中心的装货这一时间段的制冷能耗成本。

所以整个配送过程中制冷能耗成本与三点有关：一是冷藏配送车的开厢门次数，二是冷藏配送车厢门关闭状态下的行驶时间，三是冷藏配送车开厢门卸货时间。故冷藏配送车辆的制冷成本可表示为：

$$C_3 = P_r\left(Q_0 \sum_{k=1}^{M_1}\sum_{i=0}^{N+R}\sum_{j=1}^{N+R} x_{kij} + Q_1 \frac{\sum_{k=1}^{M_1}\sum_{i=0}^{N+R}\sum_{j=0}^{N+R} x_{kij} d_{ij}}{V} + Q_2 \sum_{i=1}^{N} g_i t\right) \qquad (8-5)$$

这里，$\sum_{k=1}^{M_1}\sum_{i=0}^{N+R}\sum_{j=1}^{N+R} x_{kij}$ 为冷藏配送车停车卸货次数，$\sum_{k=1}^{M_1}\sum_{i=0}^{N+R}\sum_{j=0}^{N+R} x_{kij} d_{ij}$ 为各冷藏配送车配送总路程，$\sum_{i=1}^{N} g_i t$ 为各冷藏配送车总卸货时间。

4. 生鲜农产品货损成本（C_4）

生鲜农产品具有易腐性，温度、湿度、环境、运输过程中的震动都会影响到生鲜农产品的质量，随着时间延长的搬运次数增多，生鲜农产品的质量会下降甚至不能保证食品安全而出现货损。生鲜农产品的货损与运输车辆、运输时间和卸货时间都有关系。因为当使用小货车接驳时，货物会经过两次卸货，而冷藏配送车在返回配送中心、接驳车在返回接驳点时是空车，无货损产生。故总货损成本可表示为：

$$C_4 = \beta_0 T\left(\sum_{i=1}^{N} g_i + \sum_{k=1}^{M_2}\sum_{i=N+1}^{N+R}\sum_{j=1}^{N} y_{kij} g_j\right) + \beta_1 \frac{\sum_{k=1}^{M_1}\sum_{i=0}^{N+R}\sum_{j=1}^{N+R} x_{kij} d_{ij}}{V} + \beta_2 \frac{\sum_{k=1}^{M_2}\sum_{i=N+1}^{N+R}\sum_{j=1}^{N} y_{kij} d_{ij}}{V} \tag{8-6}$$

5. 违反客户需求时间窗惩罚成本（C_5）

由于生鲜农产品的时效性，超市、食堂等需求点对生鲜农产品的配送都有较严格的时间限制，早到或者晚到都会对配送服务满意度造成影响，甚至被拒收。配送时间窗口分为软时间窗和硬时间窗，一般客户对生鲜农产品的配送都可以接受稍微提前或延后的情形，所以本章研究的配送模型使用软时间窗。客户 i 要求的生鲜农产品冷链配送的时间窗是［b_i，e_i］，最大容忍时间窗是［B_i，E_i］（$B_i \leqslant b_i$，$e_i \leqslant E_i$）。也就是说如果送达时间在［b_i，e_i］之内惩罚成本为 0；在［b_i，e_i］之外但在［B_i，E_i］之内有惩罚成本；在［B_i，E_i］之外拒收，惩罚成本为 $+\infty$。在实践中，惩罚成本是由冷链配送服务公司与客户间协商确定，一般为分段线性函数，惩罚费用函数如图 8-3 所示。

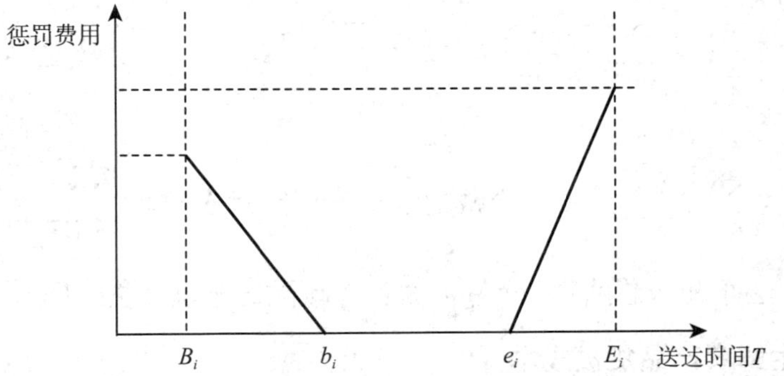

图 8-3 （客户 i）惩罚费用函数图

提前送达的惩罚系数为 w_1，延后送达的惩罚系数为 w_2，T_i 为配送车

辆到达客户 i 的时间点（$B_i \leqslant T_i \leqslant E_i$）。则违反客户需求时间窗惩罚成本可表示为：

$$C_5 = w_1 \sum_{i=1}^{N} \max\{b_i - T_i, 0\} + w_2 \sum_{i=1}^{N} \max\{T_i - e_i, 0\} \quad (8-7)$$

8.3　基于接驳点的冷链配送路径优化模型

根据上节分析，基于接驳点的农产品冷链物流配送路径优化数学模型，就是寻找一个配送路径在满足资源限制（约束条件）的前提下使得配送总成本最小。

目标函数 C，包含的成本有固定成本、运输成本、货损成本、能耗成本、惩罚成本。

限制从配送中心出发的配送路径数不能超过冷藏配送车（大车）车辆总数 M_1，约束条件表示为：

$$\sum_{k=1}^{M_1} \sum_{j=1}^{N+R} x_{kij} \leqslant M_1 \quad (i = 0) \quad (8-8)$$

限制从接驳点出发的配送路径数不能超过接驳小货车（小车）车辆总数 M_2，约束条件表示为：

$$\sum_{k=1}^{M_2} \sum_{j=1}^{N+R} y_{kij} \leqslant M_2 \quad (i = 0) \quad (8-9)$$

要求冷藏配送车（大车）的最初出发点和最后返回点都为配送中心 v_0，约束条件表示为：

$$\sum_{j=1}^{N+R} x_{kij} = \sum_{j=1}^{N+R} x_{kji} \leqslant 1 \quad (i = 0, k = 1, 2, 3, \cdots, M_1) \quad (8-10)$$

限定每一个接驳点或客户点只被一辆冷藏配送车（大车）送货一次，每一个客户点只被接驳小货车（小车）送货一次，约束条件表示为：

$$\sum_{k=1}^{M_1} \sum_{i=0}^{N+R} x_{kij} \leqslant 1 \quad (j = 1, 2, 3, \cdots, N+R, i \neq j) \quad (8-11)$$

$$\sum_{k=1}^{M_1} \sum_{j=0}^{N+R} x_{kij} \leqslant 1 \quad (i = 1, 2, 3, \cdots, N+R, i \neq j) \quad (8-12)$$

$$\sum_{k=1}^{M_2}\sum_{i=N+1}^{N+R} y_{kij} \leqslant 1 \quad (j = 1,2,3,\cdots,N+R, i \neq j) \tag{8-13}$$

$$\sum_{k=1}^{M_2}\sum_{j=N+1}^{N+R} y_{kij} \leqslant 1 \quad (i = 1,2,3,\cdots,N+R, i \neq j) \tag{8-14}$$

限定每一条冷藏配送车或接驳小货车配送路径上的客户需求总量不超过单台车的最大载货量，约束条件表示为：

$$\sum_{i=0}^{N+R} g_i \sum_{j=0}^{N+R} x_{kij} \leqslant G_1 \quad (k = 1,2,3,\cdots,M_1, i \neq j) \tag{8-15}$$

$$\sum_{i=0}^{N+R} g_i \sum_{j=1}^{N} y_{kij} \leqslant G_2 \quad (k = 1,2,3,\cdots,M_2, i \neq j) \tag{8-16}$$

要求配送车到达客户点的时间必须为最大容忍时间窗内，约束条件表示为：

$$B_i \leqslant T_i \leqslant E_i \quad (i=1,2,3,\cdots,N) \tag{8-17}$$

限制每一辆接驳保温小货车的配送路程不超过最长限制距离 L，约束条件表示为：

$$\sum_{i=N+1}^{N+R}\sum_{j=1}^{N} y_{kij} d_{ij} \leqslant L \quad (k = 1,2,3,\cdots,M_2) \tag{8-18}$$

综上，基于接驳点的农产品冷链物流配送路径优化数学模型构建如下：

$$\begin{aligned}
\min C &= \min\{C_1 + C_2 + C_3 + C_4 + C_5\} \\
&= \min\Big\{ f_1 \sum_{k=1}^{M_1} sign_1(k) + f_2 \sum_{k=1}^{M_2} sign_2(k) + \\
&\sum_{k=1}^{M_1}\sum_{i=0}^{N+R}\sum_{j=0}^{N+R} h_1 x_{kij} d_{ij} + \sum_{k=1}^{M_2}\sum_{i=0}^{N+R}\sum_{j=0}^{N+R} h_2 y_{kij} d_{ij} + \\
&Pr\Big(Q_0 \sum_{k=1}^{M_1}\sum_{i=0}^{N+R}\sum_{j=1}^{N+R} x_{kij} + Q_1 \frac{\sum_{k=1}^{M_1}\sum_{i=0}^{N+R}\sum_{j=0}^{N+R} x_{kij} d_{ij}}{V} + \\
&Q_2 \sum_{i=1}^{N} g_i t\Big) + \beta_0 T\Big(\sum_{i=1}^{N} g_i + \sum_{k=1}^{M_2}\sum_{i=N+1}^{N+R}\sum_{j=1}^{N} y_{kij} g_j\Big) + \\
&\beta_1 \frac{\sum_{k=1}^{M_1}\sum_{i=0}^{N+R}\sum_{j=1}^{N+R} x_{kij} d_{ij}}{V} + \beta_2 \frac{\sum_{k=1}^{M_2}\sum_{i=N+1}^{N+R}\sum_{j=1}^{N} y_{kij} d_{ij}}{V} + \\
&w_1 \sum_{i=1}^{N} \max\{b_i - T_i, 0\} +
\end{aligned}$$

$$w_2\sum_{i=1}^{N}\max\{T_i-e_i,0\}\ \Big\}$$

$$s.t.\begin{cases}\sum_{k=1}^{M_1}\sum_{j=1}^{N+R}x_{kij}\leqslant M_1 \quad (i=0)\\ \sum_{k=1}^{M_2}\sum_{j=1}^{N+R}y_{kij}\leqslant M_2 \quad (i=0)\\ \sum_{j=1}^{N+R}x_{kij}=\sum_{j=1}^{N+R}x_{kji}\leqslant 1 \quad (i=0,k=1,2,3,\cdots,M_1)\\ \sum_{k=1}^{M_1}\sum_{i=0}^{N+R}x_{kij}\leqslant 1 \quad (j=1,2,3,\cdots,N+R,i\neq j)\\ \sum_{k=1}^{M_1}\sum_{j=0}^{N+R}x_{kij}\leqslant 1 \quad (i=1,2,3,\cdots,N+R,i\neq j)\\ \sum_{k=1}^{M_2}\sum_{i=N+1}^{N+R}y_{kij}\leqslant 1 \quad (j=1,2,3,\cdots,N+R,i\neq j)\\ \sum_{k=1}^{M_2}\sum_{j=N+1}^{N+R}y_{kij}\leqslant 1 \quad (i=1,2,3,\cdots,N+R,i\neq j)\\ \sum_{i=0}^{N+R}g_i\sum_{j=0}^{N+R}x_{kij}\leqslant G_1 \quad (k=1,2,3,\cdots,M_1,i\neq j)\\ \sum_{i=0}^{N+R}g_i\sum_{j=1}^{N}y_{kij}\leqslant G_2 \quad (k=1,2,3,\cdots,M_2,i\neq j)\\ B_i\leqslant T_i\leqslant E_i \quad (i=1,2,3,\cdots,N)\\ \sum_{i=N+1}^{N+R}\sum_{j=1}^{N}y_{kij}d_{ij}\leqslant L \quad (k=1,2,3,\cdots,M_2)\end{cases} \tag{8-19}$$

8.4　基于接驳点的冷链配送路径优化模型求解

本模型是有接驳的冷链配送车辆路径优化问题，以配送总成本最小为目标，寻找最优的配送和接驳路径。本模型求解分两步，首先是接驳点选址，确定接驳点（同时确定经此接驳点配送的需求点）后，就将这个接驳点以及经此接驳点配送的下一层需求点整合看成一个虚拟的客户需求点，然后再寻找最优配送路径。

聚类分析和重心法在选址问题上是应用得最广泛也是较有效的方法。遗传算法是在遗传学说与生物进化论为原理构建起来的一种全局的随机搜索算法，也是常常在人工智能领域中用于寻找最优解决方案的一种搜索启发式算法，它被广泛地应用于函数优化、组合优化等领域。本章运用聚类分析和重心法选择接驳点，用遗传算法搜索最优配送路径以求解模型。

8.4.1 接驳点选址

当需求点较多时，利用聚类分析将所有需求点分成 R 类（$R < M_2$），分类依据为需求点之间的距离，将各需求点需求量作为权重，每一类的种子点（中心点）即为接驳点的备选点。当配送点数量在可观察的范围时，结合接驳保温小货车数量，一般使用简易的观察分析法确定接驳点。

8.4.2 搜索最优配送路径

8.4.2.1 遗传算法概述

遗传算法（Genetic Algorithms，GA）的思想基础是自然界生物的进化过程，生物进化通常是由低级（简单）到高级（复杂）过程。借鉴达尔文优胜劣汰、适者生存的自然选择法则，适应环境的优先获得生存的权力并将这种能力遗传给下一代。从数学本质上来看是求解优化问题的一种全局搜索方法，此算法能在搜索过程中获取和积累遗传信息，并能自动适应环境，控制搜索过程以得到最优解。

遗传算法作为一类新兴的自适应随机搜索算法，它对优化对象要求不高，既不要求优化对象连续，也不要求优化对象可微，而且具有极强抗干扰性。通过并行计算特别适合于搜索非凸空间中的多极值和组合优化问题。遗传算法从一个初始化的种群开始，通过随机地选择（选择的目的是使种群中比较优秀的个体能有占先的机会遗传到下一代）、交叉（种群内各个个体之间进行信息交换）和变异（在种群内中引入新的信息使得种群保持信息多样性以便产生更优秀的个体）等遗传操作，使种群体不断往好的方向进化，直到产生最优秀的个体即最优解。遗传算法相对于其他算法而言，即使在所定义的适应度函数是非连续和不规则的情况下其搜索过程也不容易陷入局部最优解之中，而是能以较大的概率搜索到全局最优解。

同时，由于遗传算法可以并行计算，这就使得它对大规模并行分布处理问题更加适合。

遗传算法是模拟达尔文生物进化论的自然选择和遗传学机理的生物进化过程的计算模型，即对生物进化过程进行的数学方程仿真。遗传算法的两个主要特征是群体搜索策略和一个群体中各个个体之间的有信息交换，它就像是模拟由个体组成的群体在内的整体学习（进化）过程。进化过程的结果反映在个体染色体结构上，通过个体之间的交叉、变异来适应外部环境。生物染色体用数学方式或计算机方式来体现就是一串数码，但为了便于理解起见，仍叫染色体或个体。

遗传算法通过模拟生物进化过程来实现对目标函数的优化，一般步骤如下。

（1）编码。由于遗传算法不能直接处理（搜索）一个解空间中所有解，所以在搜索前要根据实际问题通过编码的方式将一个解通过染色体（一串编码）的形式表现出来。在实际操作中，编码通常采用实数编码、二进制编码、字符编码等。

（2）确定适应度函数。进化论中的适应度，是表示某一个体对环境的适应能力，是用来判断群体中的个体的优劣程度的指标，控制个体在种群中的生存机会。由适应度函数计算的适应度值是遗传算法中进行选择的唯一依据，通常情况下，适应度函数就是求解问题的目标函数。

（3）选择。根据对所有个体的适应度值的大小排序，从当前群体中选择适应度最大的个体使其有与适应度相匹配的概率通过交叉变异遗传到下一代。适应度值越高其遗传到下一代的概率就越大，从而体现“适者生存、优胜劣汰”的进化规则。

（4）交叉。将通过自然选择得到的个体随机配对，使得这些个体既继承父代的优良基因，又有产生更好基因的机会。

（5）变异。参照生物进化中染色体基因突变的现象，遗传算法中变异发生的概率参照生物界，取极低的概率（0.001～0.01）。

8.4.2.2　遗传算法设计

在遗传算法中，通常对交叉概率 P_c 和变异概率 P_m 的选取无可适从，往往靠“试探”的笨方法，但选取不合适时将会直接影响算法的效果和收敛性。为避免这一情况，本节结合所研究的实际问题，参照已有研究成果，在求解过程中引入参数自适应性的方法。也就是说在求解过程中，为适应所得解不断地改变交叉概率和变异概率以避免过早收敛。

1. 编码

编码，即将遗传算法中问题的某一个可行解用字符串的形式表示出来，以转化到搜索空间。编码的优劣直接决定选择、交叉、变异等遗传运算是否顺利进行，是遗传算法的重要环节，求解问题的基础。带时间窗的车辆配送路径问题本质上是组合优化问题，其可行解通常对应着所有的节点（配送中心、客户点或接驳点）和访问路径的排列。从具体问题考虑，本章采用自然数编码，配送点、需求点（接驳点）序号为自然数进行排序（一个序号序列就是一条路径）。

假定一个配送中心有 M 辆车，要为 N 个客户提供配送服务。用 0 代表配送中心，1、2、3，…代表各需求点（9 以上用 A，B，C，…表示）。例如有 3 辆车需要为 13 个需求点提供配送服务，随机生成的编码（02C4B5038D70A1690），其代表的配送方案如表 8-1 所示。

表 8-1 随机编码含义

车辆编号	配送路径
1 号车辆	0-2-12-4-11-5-0
2 号车辆	0-3-8-13-7-0
3 号车辆	0-10-1-6-9-0

从表 8-1 可看出，3 辆车分别对应一条子路径。子路径内是有序的，而子路径之间是无序的，目标函数值不会随子路径位置的改变而改变。在上述编码方式下所有个体中的车辆数是一致的，配送中心 0 同时作为分隔符，将不同车辆的配送路径区分开来。

2. 路径划分

车辆路径划分。原则是先确定需求点配送次序然后再划分行驶路径。例如有一条染色体，编码“82719A643B5”表示 11 个客户的顺序，客户 9 与客户 A 的配送次序只有两种划分，要么在同一配送路径上，要么不是。由于我们是先确定客户配送次序再划分行驶路径，所以如果客户 9 和客户 A

不在一条配送路径上，则客户A一定是下一路径上的第一个客户，而客户9则是当前路径上的最后一个客户。因此，判断客户 i 与 $i+1$ 之间是否应该有一个划分点的依据是在不超过车辆的最大载重量前提下比较这两种方式下配送成本即可。此划分方法隐含了对约束条件（8-9）至（8-17）的判断。

3. 适应度函数

个体是否有机会进入下一代，与其适应度相关，个体的适应度越高，则进入下一代的概率就越大。本章研究的目标配送总成本，优化目标是总成本越小越好，故适应度函数定义为：

$$Fit_j = \frac{1}{C_j} \quad j \in \{1, 2, 3, \cdots, popsize\} \tag{8-20}$$

式中，C_j 为群体中第 j 条染色体对应的目标函数值，$popsize$ 表示种群大小。

4. 选择

假定一代群体中有 n 个个体，其中个体 i 的适应度是 Fit_i，则它被遗传到下一代的概率可定义为：

$$P_j = \frac{Fit_j}{\sum_{j=1}^{n} Fit_j} \tag{8-21}$$

5. 交叉

在每一代群中都会以一定的交叉概率 P_c 对两个个体进行交叉重组，为改进传统遗传算法中固定选取交叉概率 P_c 而造成收敛效果不理想的状况，本章采用自适应交叉概率。具体定义如下：

$$P_c = \begin{cases} K \dfrac{\max(Fit_i, Fit_j)}{\max(Fit_i, Fit_j) - \overline{Fit}} & \max(Fit_i, Fit_j) \geq \overline{Fit} \\ \max(Fit_i, Fit_j) & \max(Fit_i, Fit_j) < \overline{Fit} \end{cases} \tag{8-22}$$

式中，Fit_i 据 Fit_j 为两个交叉个体 i 和 j 的适应度；$\overline{Fit}$ 为当代群体中的平均适应度值；K 为调整交叉概率的常系数，一般取（0，1）区间的值。

6. 变异

变异的目的是维持染色体个体中基因组合的多样性，与同交叉算子一样，定义自适应变异概率如下：

$$P_m=\begin{cases} K\dfrac{\max(Fit_i, Fit_j)}{\max(Fit_i, Fit_j)-\overline{Fit}} & \max(Fit_i, Fit_j)\geqslant\overline{Fit} \\ \max(Fit_i, Fit_j) & \max(Fit_i, Fit_j)<\overline{Fit} \end{cases} \tag{8-23}$$

式中，K 为调整变异概率常系数取值与公式（8－22）中的取值相同。

7. 终止进化

遗传算法求解是一个循环过程，需要设定一个终止循环的条件，设定一个最大循环次数（最大代数）G_{max}，当算法循环到这个最大代数运算停止。

8.4.2.3 算法设计实现

用遗传算法来解决路径优化问题时，首先要进行编码和确定种群规模、终止进化代数。下面为遗传算法具体实施步骤：

Step 1：编码（使用8.4.2.2描述的方法），划分合适的路径构造满足假设2的染色体；

Step 2：设置种群规模 $Popsize$，调整系数 K 和终止进化最大代数 G_{max}；

Step 3：在 Step 1 基础上生成第 0 代种群（初始群体）P（0），代数 $t=0$；

Step 4：初始化循环计数变量 $i=1$；

Step 5：计算这一代第 i 个体的适应度值 $Fit(i)$；

Step 6：令 $i=i+1$，判断 $i<=Popsize$?，是，则返回 Step 4，否，则跳出循环转 Step 7；

Step 7：根据 Fit 的值，按比例进行选择复制和生成下一代所有个体；

Step 8：计算交叉概率 P_c 和自适应变异概率 P_m；

Step 9：保留交叉和逆转变异，根据 P_c 和 P_m 生成 $P(t+1)$；

Step 10：计算所有个体的目标函数 C；

Step 11：选择和标记使得目标函数最小的个体即最优个体，进化代数累加 $t=t+1$；

Step 12：判断 $t<G_{max}$?，是，则转到 Step 4，否，则终止并输出结果。

8.4.3　基于接驳点的冷链配送路径优化算法流程图

根据以上 8.2 和 8.3 的分析，基于接驳点的冷链物流配送路径优化算法流程图如图 8－4 所示。

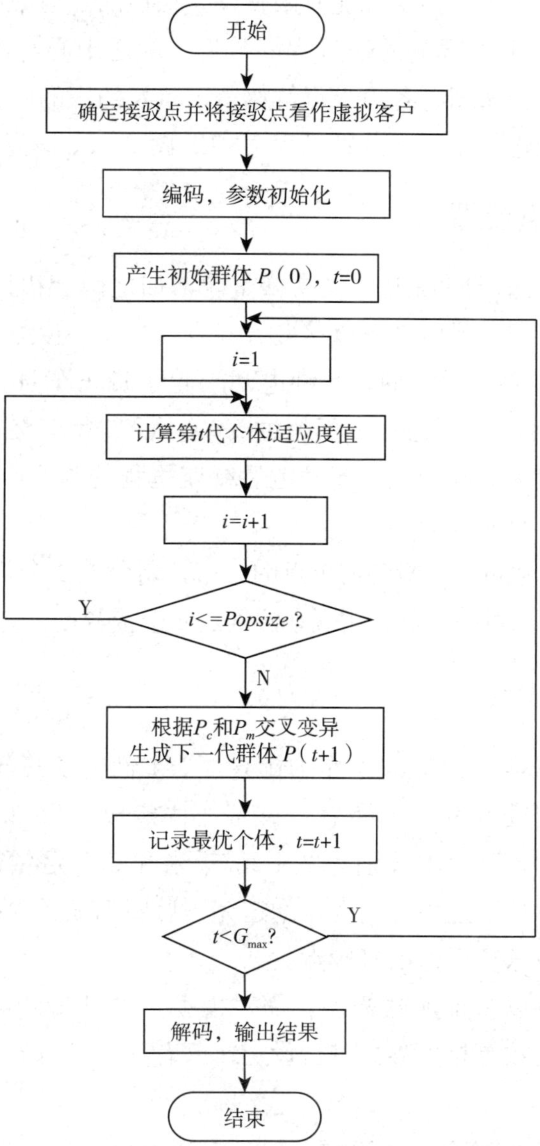

图 8－4　基于接驳点的冷链物流配送路径优化算法流程图

8.5 实例分析

8.5.1 数据来源

采用本书 7.4 节广西某乳业有限责任公司产品配送中心为南宁市城区 22 个瓶装鲜奶需求点冷链配送过程的数据。配送中心与需求点地址及编号、各节点地理分布图、各需求点鲜奶需求量及约定的服务时间窗、各配送节点之间的配送行车距离分别见表 7－1、图 7－5、表 7－2 和表 7－3。

8.5.2 接驳点设置

由于鲜奶配送时间与上班早高峰重叠，加之南宁市区糟糕的交通状况，建议公司采用小型电动车以接驳方式进行配送。拟配置 4 辆鸥利莱电动三轮载货车作为接驳车辆，此种电动三轮小货车车身小、购置成本低(加装密闭保温小货厢后总成本不超过 5 000 元)、免交交通规费、行驶成本极低，载重量为 500 千克，充满电后续航里程约为 50 千米，正常行驶速度为 30 千米/小时。

根据接驳车数量，分析各需求点的分布，划分成 4 个相对集中的区域，依据各需求点需求量的高低，用观察法确定 4 个接驳点：v_1、v_5、v_8 和 v_9。

8.5.3 参数设置

配送中心安排 3 辆冷藏车作为配送车、4 辆电动三轮载货车为接驳车。冷藏车固定成本为 120 元/次，接驳车固定成本为 20 元/次，冷藏配送车和接驳车的行驶成本分别为 2.1 元/千米和 0.1 元/千米[①]。冷藏配送车早上 6 点开始从配送中心出发，配送完毕后回到配送中心；接驳车在接驳点等候，接驳送货后返回接驳点。

为求解案例以验证所建模型，需对模型中的常量和算法中的种群规模、终止进化代数等相关参数进行设定。已有的大量研究成果表明，在使

① 配送车和接驳车的固定成本、行驶成本、制冷耗能数量为配送中心车辆维护人员根据经验估计，本书未做精确验证。

用遗传算法求解车辆路径问题时，种群规模为客户数的 2～3 倍时比较合适，因此本书种群规模取 44；结合算法的编码方法，将染色体的长度设置为 12；交叉概率和变异概率的调整系数取 0.5；为控制运行时间和求解精度将终止进化代数设置为 100。

具体参数含义及取值如表 8-2 所示。

表 8-2　参数取值及含义

参数	参数值	参数含义	参数	参数值	参数含义
G_1	2.0	配送车最大载重量（吨）	t_0	6：00	配送开始时间
G_1	0.5	接驳车最大载重量（吨）	t	0.001	卸货速度（小时/千克）
L	50	接驳车最长行驶距离（千米）	h_1	2.1	配送车行驶成本
V	30	配送和接驳车平均车速	h_2	0.1	接驳车行驶成本
P_r	8	制冷单位耗能价格	f_1	120	配送车固定成本
Q_0	12	配送车开门耗冷（能）	f_2	20	接驳车固定成本
Q_1	2	配送车厢门关闭时单位时间耗冷（能）	M_1	3	配送车数量（辆）
Q_2	40	配送车厢门打开时单位时间耗冷（能）	M_2	4	接驳车数量（辆）
β_0	9	配送车卸货过程货损成本系数（元/小时）	N	22	需求点个数
β_1	3	配送车运输过程货损成本系数（元/小时）	$popsize$	44	种群大小
β_2	3.5	接驳车运输过程货损成本系数（元/小时）	K	0.5	调整概率系数
w_1	5	早于时间窗到惩罚系数	G_{max}	100	终止进化代数
w_2	20	晚于时间窗到惩罚系数	Ch	12	染色体长度

8.5.4　计算结果

利用本章建立的冷链配送路径优化模型和上述算法对例子求解，运用 MATLAB 编程计算，在个人计算机上随机运行 5 次。结果如表 8-3 所示。

表 8-3　运算结果

运行次数	1	2	3	4	5
最优解	873.86	868.50	878.27	897.36	870.12

从运算结果看，有接驳方式的鲜奶最优冷链配送总成本为 873.86 元，配送方案为：

1号冷藏配送车配送线路：0－8*（1号接驳车：8－22－15－20－17－18－8）－19－9*（2号接驳车：9－2－12－16－9）－21－0；2号冷藏配送车配送线路：0－4－1*（3号接驳车：1－7－14－13－1）－5*（4号接驳车：5－10－3－11－5）－6－0。如表8－4所示。

表8－4　最优配送方案

车辆序号	装货量（千克）	车辆行驶路径	路径总长度（千米）
1号配送车	1 495.3	配送中心、西乡塘配送站*、经干院奶吧、北大配送站*、高峰菜市奶吧、配送中心	40.4
2号配送车	1 759.0	配送中心、南湖配送站、琅东配送站*、新兴苑配送站*、凤岭配送站、配送中心	42.4
1号接驳车	494.0	西乡塘配送站、新村路奶吧、相思湖幼儿园、科园大道新村奶吧、新世纪花园奶吧、市政小区奶吧、西乡塘配送站	27.8
2号接驳车	338.6	北大配送站、东沟岭配送站、圆梦幼儿园、思贤乐幼儿园、北大配送站	21.5
3号接驳车	447.6	琅东配送站、江南配送站、童昇幼儿园、乐洁幼儿园、琅东配送站	19.2
4号接驳车	374.3	新兴苑配送站、金地幼儿园、玉洞配送站、金花园幼儿园、新兴苑配送站	24.4

注：*为接驳点。

共启用2辆冷藏配送车（大车）、4辆保温接驳车（小车），设置4个与需求点重合的接驳点，每辆车配送一次。最优配送方案的配送路线示意图如图8－5所示。

8.5.5　结果分析

通过各需求点分布情况和各需求点需求量，确定了4个接驳点，基于配送总成本（含服务惩罚成本）优化冷链配送路径，采用遗传算法搜寻最优配送方案，得出本例冷链物流配送的总成本最小为873.86元。动用2台冷藏配送车，配送路径长度分别为40.4千米和42.4千米；4台小型电动保温接驳车，配送路径长度分别为27.8千米、21.5千米、19.2千米和24.4千米。

配送车的装载率均分别为74.77%和87.94%，接驳车的装载率

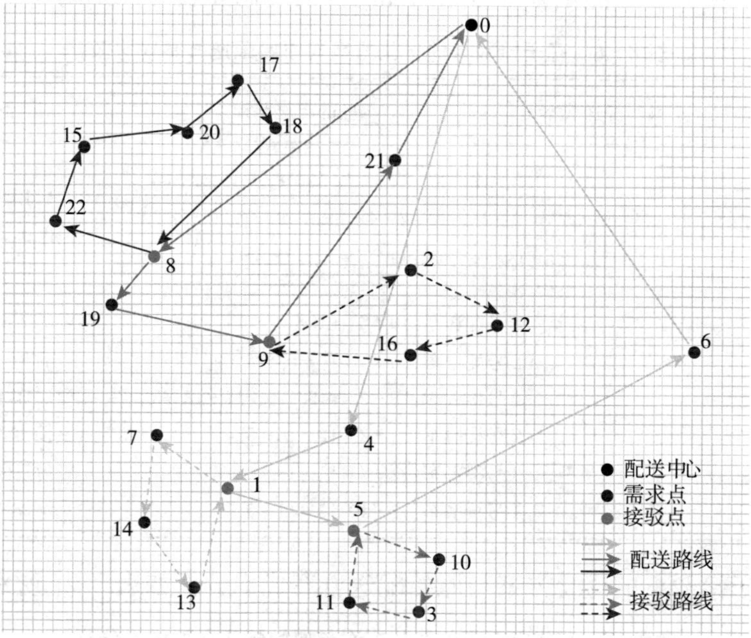

图 8－5　基于接驳点的最优配送路线示意图

98.80%、67.72%、89.52%和 74.86%。

成本较高的是车辆固定成本和制冷成本，占比为 36.85%和 26.68%，不满足配送时间窗口的惩罚成本占总成本 3.29%。如表 8－5 所示。

表 8－5　最优配送方案成本分析

单位：元

车辆	装载率（%）	固定成本	运输成本	制冷成本	货损成本	惩罚成本	总成本
配送车 1	74.77	120.00	84.84	110.51	17.09	0.00	332.43
配送车 2	87.94	120.00	89.04	121.17	18.38	0.37	348.96
接驳车 1	98.80	20.00	2.78	0.00	22.55	1.42	46.75
接驳车 2	67.72	20.00	2.15	0.00	14.08	19.91	56.13
接驳车 3	89.52	20.00	2.44	0.00	18.67	0.00	40.59
接驳车 4	74.86	20.00	2.344	0.00	14.30	6.90	43.63
合计		320.00	183.17	231.68	105.06	28.59	868.50
成本比率（%）		36.85	21.09	26.68	12.10	3.29	100.00

基于接驳点的优化方案与原始配送方案对比如表 8－6 所示。

表 8－6　基于接驳点的优化方案与原始配送方案对比表

方案	最小配送成本	相应的配送路径	备注
原始方案	1 210.35	0－17－20－15－22－19－8－18－21－0 0－2－16－12－4－1－7－9－0 0－14－13－11－3－10－5－6－0	启用 3 辆冷藏配送车
基于接驳点的优化方案	868.50	1 号配送车：0－8*－19－9*－21－0； 2 号配送车：0－4－1*－5*－6－0 1 号接驳车：8－22－15－20－17－18－8 2 号接驳车：9－2－12－16－9 3 号接驳车：1－7－14－13－1 4 号接驳车：5－10－3－11－5	启用 2 辆冷藏配送车和 4 辆保温接驳车（带 * 号为接驳点）

基于接驳点的优化方案与原始配送方案成本分析如表 8－7 所示。

表 8－7　基于接驳点的优化方案与原始配送方案成本分析

单位：元

方　案	总配送成本	车辆固定成本	运输成本	制冷成本	货损成本	时间窗惩罚成本
原始方案（1）	1 210.35	360.00	329.49	345.29	80.90	94.66
基于接驳点的优化方案（2）	868.50	320.00	183.17	231.68	105.06	28.59
方案（2）比方案（1）降低（%）	28.24	11.11	44.41	32.90	－29.86	69.80

从表 8－6 和表 8－7 可以看出，由于接驳车辆的参与，基于接驳方式的冷链配送成本明显降低。原因是接驳车辆一般使用保温电动小货车，这种车辆固定成本较低，灵活方便，充电可续航 50Km，行驶成本极低而且大多时候不受交通拥堵影响。由于接驳车辆的灵活参与，使得冷链产品准时送达率大大提高，极大地降低了违反时间窗惩罚成本，顾客满意度大大提高。特别是采用接驳方式后，在减少冷藏配送车的配送总路程的同时还少用一辆冷藏配送车，这辆冷藏配送车可以作为备用车辆以备不时之需，整个配送活动的有效性和安全性也得到了保障。但从本例也可以看出，所有车辆都只是配送 1 次，结合本例实际情况，可以从配送活动参与的两个

相关利益方（鲜奶公司配送中心和城区各需求点）进行适当沟通与调整可获取更优的配送方案：

一是通过与客户沟通调整部分客户需求时间，在减少惩罚成本的同时还可以提高配送和接驳车辆的使用率；

二是大量增加客户数量（需求点），在需求点的大量增加下，冷藏车和接驳车可重复配送，提升冷藏车和接驳车的利用率，减少固定成本。

8.6　本章小结

本章对基于接驳点的农产品冷链物流配送路径优化模型进行构建。在冷链配送过程中，通过合理设置接驳点，采用运输成本和制冷成本更低的小型保温货车作为接驳车。将接驳点看作一个虚拟的需求点，对带有时间窗约束的冷链物流车辆配送路径问题及其数学模型进行分析，结合农产品冷链配送的特点给出了模型假设和变量、对配送成本进行分析。

然后在考虑时间窗约束、配送车辆和接驳车辆约束、客户需求约束，以配送总成本最小为目标构建了配送路径优化模型并使用遗传算法设计了模型的求解方法。

最后以一个具体的例子：广西某乳业有限责任公司对南宁市城区 22 个瓶装鲜牛奶需求点的冷链配送数据和相关参数，代入模型求解得到一个最优配送方案。通过对比发现合理地设置接驳点，采用接驳方式的冷链配送能有效地降低配送总成本。由于接驳车辆的灵活参与，大大提高了冷链产品准时送达率和顾客满意度。另一方面，可以通过与客户沟通调整部分客户需求时间，在减少惩罚成本的同时还可以提高配送和接驳车辆的使用率；也可以通过扩大业务范围，大量增加客户（需求点），在需求点的大量增加下，冷藏车和接驳车可重复配送，提升冷藏车和接驳车的利用率，可以有效减少固定成本。

第 9 章

CHAPTER 9

总结与展望

9.1 总结

随着人们物质生活水平的逐渐提高，对多样化、绿色、营养果蔬、鲜肉、牛奶等鲜活农产品的需求不断提高。将这些天然的农产品最大程度地保鲜并送到消费者手中，既是提高消费者满意度、居民生活幸福感的需要，也是增加农民收入、坚持国家“农业农村优先发展”“实施乡村振兴战略”的需要。

要将天然农产品最大程度地保鲜送到消费者手中，农产品冷链物流就是一个关键的过程。本研究对农产品冷链物流采用的定义是：“使肉、禽、水产、蔬菜、水果、蛋等生鲜农产品从产地采摘（或屠宰、捕捞）后，在产品加工、贮藏、运输、分销、零售等环节始终处于适宜的低温控制环境下，最大程度地保证产品品质和质量安全、减少损耗、防止污染的特殊供应链系统。”

本书分析了国内外在农产品冷链物流的理论和应用研究方面的文献基础上，介绍了农产品冷链物流的特点和模式，农产品冷链物流体系的运行目标和环节构成，阐述了农产品冷链物流配送理论、物流配送路径优化理论和协同理论。

从农产品冷链物流发展、农产品供应链、农产品冷链配送这一路径开展研究，设计了调查问卷以微观视角通过对熟悉农产品冷链物流状况的行业从业人员以及农产品冷链物流行业利益相关者进行问卷调查。发放问卷 270 份、收回有效问卷 227 份，利用 SPSS20.0 对调查数据进行因子分析。对问卷中涉及农产品冷链物流发展因素的 30 个问题分别定义成变量，每一份问卷作为一个样本，逐一排查每个变量直至因子分析时所有变量的相关系数矩阵为正定矩阵为止，确定了 23 个问题（变量）作为分析指标。对变量进行 KMO 取适当性因子分析及巴氏球形因子分析显示原变量间存在相关关系，数据适合做因子分析。以解释的方差数（特征值）达 1.0 为选取标准，共抽取出 7 个主成分因子，根据这些因子高载荷变量的实际意义将影响农产品冷链物流发展的 7 个主要因素归纳成行业技术因素、经济因素、宏观政策因素、基础设施因素、物流管理因素、社会环境因素和物流主体因素。同时给出农产品冷链物流发展影响因素的结构关系为：

$$Inf=24.874F_1+16.693F_2+10.807F_3+6.901F_4+5.546F_5+4.771F_6+4.609F_7+\varepsilon$$

式中，Inf 代表农产品冷链物流发展影响因素；F_1 代表行业技术因素；F_2 代表经济因素；F_3 代表宏观政策因素；F_4 代表基础设施因素；F_5 代表物流管理因素；F_6 代表社会环境因素；F_7 代表物流主体因素；ε 代表误差项。

在对农产品冷链物流配送干扰管理分析基础上，具体研究了基于实时路况信息的冷链物流配送路径优化问题和基于接驳点的冷链物流配送路径优化问题。首先对带有时间窗约束的冷链物流车辆配送路径问题及其数学模型进行分析，结合农产品冷链配送的特点给出了模型假设和变量、对配送成本进行分析。然后在考虑时间窗约束、配送（接驳）车辆约束、客户需求约束，以配送总成本最小为目标构建了配送路径优化模型，分别使用蚁群算法和遗传算法设计这两个模型的求解方法。最后以一个具体的例子：广西某乳业有限责任公司对南宁市城区 22 个瓶装鲜牛奶需求点的冷链配送数据和相关参数，代入模型并用 MATLAB 软件分别求解得到一个基于实时路况信息的最优配送方案和基于接驳点的最优配送方案。通过与原始配送方案对比分析，这两个方案均比原始方案以更低的配送成本提高了冷链品配送准时送达率和顾客满意度。

9.2 研究结论

本书针对农产品冷链物流发展的影响因素和农产品冷链物流配送路径

优化进行一系列研究，主要结论如下。

（1）随着人们生活水平的不断提高、饮食结构不断调整，对食物的营养及安全性提出了更高的要求，从而迅速地拉动了以果蔬、畜产品等为代表的生鲜农产品的消费，进而给农产品冷链物流的发展提供了一个新的机会。然而，制约农产品冷链物流发展的因素很多。通过对众多参与、熟悉农产品冷链物流状况的行业从业人员以及农产品冷链物流行业利益相关者进行问卷调查，并对获取数据进行因子分析，发现影响农产品冷链物流发展的主要因素有行业技术因素、经济因素、宏观政策因素、基础设施因素、物流管理因素、社会环境因素和物流主体因素。这 7 个因素包含了所有调查指标信息的 74.202%。因此，要全面提高农产品冷链物流的发展水平，各级政府和物流行业有必要有针对性地制定相关政策措施：加强先进的冷链技术和信息网络技术在农产品冷链物流各个环节中的应用；制定和完善农产品冷链物流的发展政策、冷链物流行业的行业标准；加强涉及地区农产品冷链物流相关基础设施建设和物流管理技术人才培养；营造现代物流氛围，提高农产品冷链物流各参与主体的现代物流意识。

（2）在生鲜农产品冷链物流配送过程中，交通拥堵、顾客需求及时间要求发生变化等等都是对冷链物流配送的一个干扰事件。一个微不足道的不确定性干扰事件的产生往往会导致整个生鲜农产品冷链物流配送计划的变化，而这些干扰往往又需要在极短的时间内得到有效处理。农产品冷链物流配送过程中的干扰事件主要有农产品质量安全、配送车辆路径问题、顾客需求及时间变化、考虑碳排放等。

（3）生鲜农产品流通“最后一公里”的冷链配送过程中研究如何合理安排车辆调度，缩短鲜活农产品配送时间、减少货损，从而降低冷链物流运营成本，提高食品安全和顾客对鲜活农产品质量的满意度尤为重要。在农产品冷链物流配送路径优化时，除考虑普通物流的运输成本外，还需考虑冷链配送过程中农产品的损耗成本、冷藏配送车辆制冷消耗的能耗成本和配送时间惩罚成本等因素。在农产品冷链配送实践中，冷链配送过程中的城市道路拥堵状况一般都会实时变化，针对此类极易获取的城市道路拥堵实时信息，以农产品冷链物流配送过程中的车辆固定成本、运输成本、制冷成本、货损成本和惩罚成本等总成本最小化为目标，构建了基于实时路况的农产品冷链物流配送路径优化数学模型。使用蚁群算法设计了模型的求解方法，此算法中每只蚂蚁在问题空间的多点独自并行对最优解进行搜索，具有很强的鲁棒性和全局搜索能力，且通过改进蚂蚁状态转移概率的计算规则，加强了蚁群系统的正反馈能力，引导整个系统向最优解方向加速进化。经过实证分析，基于城市道路实时拥堵信息的农产品冷链物流配送路径优化模型能得到配送成本更低的配送方案，特别是违反时间窗惩罚成本降幅最大，意味着在不增加任何固定投资的情况下，优化方案提高准时送达率，在降低配送成本的同时提高了顾客满意度。

（4）为进一步降低生鲜农产品冷链配送成本和配送效率，在配送中引入接驳车辆。冷链配送接驳车辆以小微型厢式货车为主，采用相变蓄冷材料制冷或是泡沫箱保温方式来保证生鲜农产品的低温状态，虽然这样的制冷和保温方式对保证生鲜农产品的安全温度有时间限制，但耗能成本远远低于普通冷藏车辆制冷机组。通过聚类分析或是观察法确定农产品冷链配送的接驳点，建立基于接驳点的冷链物流配送路径优化模型并用遗传算法求解。实证分析表明，灵活地采用接驳配送方式在不增加固定投资的前提下，不仅能有效降低冷链配送总成本，还提高了客户满意度。

9.3　创新点

（1）从微观层面看，以从业者视角用因子分析法分析影响区域农产品冷链物流发展的因素，建立区域农产品冷链物流发展的影响因素模型。从农产品冷链物流行业相关利益者这一维度来分析中国生鲜农产品冷链物流发展的影响因素及其结构关系和特征，既是对现有研究的有益补充，也能为各级政府和物流行业在制定相关政策时提供参考。

（2）研究通过近乎于零成本方式获取城市交通实时路况，以配送总成本最小为目标，构建了基于交通大数据（实时路况）的农产品冷链物流配送路径优化模型，并使用蚁群算法设计了模型的求解方法。尤其为农产品在上行过程中冷链物流配送路径优化提供了可资借鉴的解决方案，对加强农村地区物流干线网络建设，合理规划布局冷链物流体系具有重要的参考价值。

（3）农产品冷链物流配送采用接驳配送方式，建立基于接驳点农产品冷链物流配送路径优化模型。基于接驳点的农产品冷链物流配送模式的提出，不仅充实了冷链物流配送理论，由于此模式不需要对配送系统基础设施另行改造和增加投资，所以更容易推广实施。采用农产品冷链接驳配送模式，为有效降低农产品冷链物流成本、减少能源消耗提供了一种解决方法。

9.4 研究展望

（1）本研究通过因子分析获得的农产品冷链物流发展影响因素模型，只是对农产品冷链物流发展影响因素结构的一种可能描述，没有考虑地域上差别。

（2）研究的农产品冷链物流配送路径优化模型对现实情况做了很多假设，当结合实际物流公司的具体要求与情况之后，求解的结果可能与现实的相符程度相差较远，人工调度经验与优化算法如何结合还需要进一步研究。

（3）本研究仅是对实时路况下冷链物流配送路径的优化，事实上，实时路况、客户动态需求（需求量和时间窗均变化）、动态接驳点这些问题有可能是同时发生的。还有在接驳配送时，有些配送点由于道路狭窄，必须强制由接驳车配送，这类问题的配送路径优化没有考虑。

（4）本书提到的接驳点均为静态接驳点，对于动态接驳点没有提及，如何定义和选取动态接驳点并纳入配送优化方案仍有待研究。

（5）在农产品冷链物流配送路径优化中，将基于实时路况信息和接驳方式同时考虑能否更有效地提高配送效率和降低配送成本。

（6）农产品冷链配送中，利用大数据分析消费者的行为习惯（购买偏好）来预测产品的销售量，而在此阶段如何与农产品高效配送结合起来，让农产品冷链物流配送更加节约成本和满足消费者需求。

上述问题都将是进一步研究的方向。

参考文献

REFERENCES

蔡浩原，潘郁．2017. 基于人工蜂群算法的鲜活农产品冷链物流配送路径优化 [J]. 江苏农业科学，45（15）：318－321.

陈俊宇，祝锡永．2018. 碳交易机制下的多车型配送车辆路径优化研究 [J]. 物流工程与管理，40（4）：105－109.

陈曦，傅明．2001. GIS 环境下的物流配送中心选址模型与算法研究 [J]. 计算技术与自动化（4）：6－9.

陈祥燕，等．2014. 国外物流研究动态比较分析——基于 2008—2012 年 SCI、SSCI 和 EI 文献的分析 [J]. 现代情报，34（4）：97－101.

陈然，等．2009. 发展冷链物流共同配送的探讨 [J]. 物流工程与管理，31（4）：62－64.

但斌，陈军．2008. 基于价值损耗的生鲜农产品供应链协调 [J]. 中国管理科学（5）：42－49.

戴昀弟，王轶霞．2016. 吉林省生鲜农产品冷链物流发展制约因素分析 [J]. 商业经济研究，（13）：117－118.

邓延伟．2014. 我国水产品冷链物流绩效评价研究 [D]. 北京：北京大学．

丁俊发．2010. 农产品物流与冷链物流的价值取向 [J]. 中国流通经济，24（1）：26－28.

丁秋雷．2011. 物流配送地址变化的干扰管理模型及其求解方法 [D]. 大连：大连理工大学．

樊世清，娄丹，孙莹．2017. 生鲜农产品冷链物流车辆配送路径优化研究 [J]. 保鲜与加工，17（6）：106－111.

范玲．2018. 供给侧结构性改革背景下的农业保险发展对策研究 [J]. 求是学刊，45（3）：64－73.

方凯．2013. 我国农产品冷链物流的发展问题研究 [D]. 武汉：华中农业大学．

冯国苓，戴雪琴．2012. 海南热带农产品冷链物流系统研究 [J]. 价值工程，31（15）：8－9.

龚思行，范元伟．2015. 基于道路阻抗的冷链物流配送路径优化研究 [J]. 物流科技，38

(11)：142－145.

龚树生，梁怀兰.2006.生鲜食品的冷链物流网络研究［J］.中国流通经济（2）：7－9.

关菲，张强.2013.模糊多目标物流配送中心选址模型及其求解算法［J］.中国管理科学，(S1)：57－62.

郭真，梁雪梅.2016.广西北部湾农产品冷链物流发展影响因素分析——基于AHP方法［J］.中国市场，(41)：33－34.

何天龙.2013.农产品物流配送中心选址问题研究［J］.现代商业（8）：28－29.

韩丽娟.2013.城市物流共同配送模式研究［D］.武汉：武汉理工大学.

韩印，师攀.2015.基于道路状况的冷链物流配送路径优化［J］.物流科技，38（6）：90－93.

贺盛瑜，马会杰.2016.农产品冷链物流生态系统的演化机理［J］.农村经济（10）：114－117.

贺盛瑜，姚源果.2019.农产品冷链物流发展影响因素研究——以四川、广西为例［J］.中国西部（4）：51－60.

侯艳芳，谢东.2015.农产品冷链物流的研究与应用［J］.科技与产业，15（6）：16－20.

胡祥培，等.2009.物流配送系统干扰管理研究的问题与思考［J］.东南大学学报（哲学社会科学版），11（1）：60－66.

胡祥培，等.2007.干扰管理研究评述［J］.管理科学（2）：2－8.

胡祥培，等.2008.干扰管理模型及其算法的研究进展［J］.系统工程理论与实践（10）：40－46.

姜大立，杨西龙.2003.易腐物品配送中心连续选址模型及其遗传算法［J］.系统工程理论与实践（2）：62－67.

康振虎，康江卫.2010.我国农产品流通直销模式的可行性研究——以藁城市的绿色蔬菜销售为例［J］.现代商贸工业，22（12）：11－12.

李洁.2011.物联网技术在农产品冷链物流中的应用［J］.中国集体经济，(31)：110－111.

李康，等.2015.生鲜农产品冷链物流配送干扰管理研究的思考［J］.江苏农业科学，43（11）：588－591.

李梦寻，李志.2013.新鲜度条件下生鲜食品配送中心选址模型研究［J］.重庆与世界（学术版），30（4）：17－21.

李娜，王首彬.2011.不确定需求下易腐产品的生产配送优化模型［J］.计算机应用研究，28（3）：927－929.

李钦华，等.2012.宜昌市鲜活农产品冷链物流发展模式研究［J］.物流科技，35（10）：27－28.

李学工．2007．生鲜农产品进入超市的前提及物流模式选择——以山东寿光蔬菜业为主要分析视角［J］．北京工商大学学报（社会科学版），27（3）：4－7．

李妍峰，等．2013．基于实时交通信息的城市动态网络车辆路径优化问题［J］．系统工程理论与实践（7）：1813－1819．

刘丽欣，励建荣．2008．农产品冷链物流发展模式与政府行为概述［J］．食品科学（9）：680－683．

刘明菲，李兰．2007．区域物流与区域经济互动作用机理分析［J］．工业技术经济（3）：40－42．

刘志勇，王侃．2007．共同配送策略在冷链物流中的应用研究［J］．物流科技（10）：1－3．

刘镇，等．2013．基于云计算的冷链物流配送车辆路径优化研究方法［J］．电子设计工程，21（17）：122－127．

路征，和琴．2015．生鲜农产品物流发展的影响因素及综合评价——基于五个地区行业专业人士调查数据的分析［J］．西部论坛，25（2）：25－32．

缪小红，等．2011．第三方冷链物流配送路径优化研究［J］．运筹与管理，20（4）：32－38．

缪小红，等．2009．生鲜食品冷链物流研究进展探讨［J］．物流技术，28（2）：24－27．

牛小娟．2015．基于供应链管理视角的生鲜农产品配送模式研究［J］．物流技术，34（5）：217－219．

吕俊杰，孙双双．2013．基于鲜活农产品冷链物流配送的车辆路径优化研究［J］．广东农业科学，40（9）：178－181．

欧海燕．2011．生鲜农产品物流发展模式探讨［J］．赤峰学院学报（自然科学版），27（4）：85－86．

潘茜茜，干宏程．2016．考虑碳排放的冷链物流配送路径优化研究［J］．数学的实践与认识，46（2）：62－68．

樊雪梅，等．2012．长春市生鲜农产品物流系统全面绩效评价体系研究［J］．生产力研究（5）：108－111．

秦立公，等．2014．HACCP驱动的生态农产品全供应链质量安全控制［J］．江苏农业科学，42（9）：258－261．

邱晗光，等．2014．大数据支撑下基于公共配送中心的城市配送流程改进研究［J］．物流技术，33（13）：408－410．

任立停．2011．多温共配冷链物流配送优化研究［D］．烟台：烟台大学．

石兆，符卓．2013．时变网络条件下带时间窗的食品冷链配送定位——运输路径优化问题［J］．计算机应用研究，30（1）：183－188．

司银霞.2011.生鲜农产品配送模式的对比分析研究[J].物流工程与管理，33(7)：69-71.

孙承志，韩雪涛.2014.农产品冷链物流城市配送问题研究[J].经济研究导刊，(7)：115-117.

孙洁.2013.农产品冷链物流寻路突围[J].中国农村科技，(8)：30-33.

孙丽君.2011.物流配送干扰管理问题的知识表示与建模方法[D].大连：大连理工大学.

孙明燕，兰洪杰.2007.冷链定义浅析[J].物流技术，(10)：29-31.

孙曦，杨为民.2014.农产品绿色物流体系的构建与实现途径[J].江苏农业科学，42(7)：454-457.

汪利虹，陶君成.2011.解析湖北农产品冷链物流的发展[J].物流工程与管理，33(6)：25-27.

汪翼，等.2008.包含第三方物流商的易腐商品供应链中最优决策与合作研究[J].运筹与管理，(1)：62-68.

汪勇，等.2010.协同进化遗传算法求解带时间窗的车辆路径问题[J].统计与决策，(10)：59-61.

王程，等.2018.西部地区生鲜农产品物流水平评价和发展模式选择[J].软科学，28(2)：136-139.

王成金，韩增林.2005.关于我国区域物流体系建设的思考[J].人文地理，(6)：19-22.

王冬冬，李丽琴.2012.基于供应链管理视角的生鲜农产品共同配送模式[J].江苏农业科学，40(12)：400-402.

王海丽，等.2008.带时间窗的易腐食品冷藏车辆配送问题[J].工业工程，(3)：127-130.

王红玲，郑纲.2011.生鲜农产品物流中心选址的优化研究[J].安徽农业科学，39(27)：16995-16998.

王红敏，杨蕾.2008.我国农产品物流影响因素定量分析——层次分析法在农产品物流影响因素定量分析中的应用[J].商场现代化，37(4)：108-109.

王辉.2010.基于改进遗传算法的物流配送路径优化研究[D].济南：山东科技大学.

王晶，等.2013.基于“农超对接”的第三方共同配送模式及成本分摊问题研究[J].物流技术，32(13)：4-6.

王淑云，孙虹.2014.冷链物流配送建模发展研究[J].山东社会科学，(4)：135-139.

王旭坪.2010.物流配送调度的干扰管理研究[D].大连：大连理工大学.

王旭坪，等.2018.考虑时空距离的异车型同时集送车辆路径优化[J].管理学报，15(6)：918-926.

王玉侠 .2011. 我国农产品冷链物流存在的问题及对策 [J]. 物流工程与管理，33 (3)：80 - 82.

魏毕琴，姚顺波 .2008. 连锁超市主导的生鲜农产品物流优化研究 [J]. 农村经济，26 (10)：101 - 103.

文晓巍，达庆利 .2008. 共同配送：我国冷链物流配送模式的优化选择 [J]. 现代管理科学，(3)：13 - 14.

吴汶书 .2016. 浅析大数据环境对冷链物流配送的影响 [J]. 物流技术 (10)：77 - 78.

夏白娟 .2005. 生鲜食品配送模式研究 [D]. 大连：大连理工大学 .

谢如鹤，刘广海 .2012. 生鲜食品物流安全问题调研分析 [J]. 中国物流与采购，(22)：70 - 71.

肖锭 .2014. 生鲜农产品冷链物流模式及成本优化研究 [J]. 农业经济，34 (2)：123 - 124.

熊惠，李婧 .2008. 易腐物品第三方物流配送模式研究 [J]. 科技和产业，(9)：49 - 51.

徐丽蕊，任娟娟 .2015. 基于 ISM 和 AHP 的冷链物流影响因素研究 [J]. 信息技术，(7)：131 - 136.

徐青青，缪立新 .2006. 区域物流发展及研究评述 [J]. 物流技术，(4)：01 - 11.

徐寿波 .2010. 物流业是服务业的核心——大物流理论 [J]. 物流技术，(6)：34 - 38.

徐翔斌，等 .2011. 基于 e M-Plant 配送中心的流程仿真和优化 [J]. 华东交通大学学报，(1)：29 - 33.

杨阿妮 .2012. 我国生鲜农产品物流发展分析 [J]. 物流技术，23 (5)：61 - 63.

杨光华，等 .2009. 生鲜农产品冷链物流模式与对策研究 [J]. 广东农业科学，45 (6)：200 - 203.

杨慧莲，霍学喜 .2014. 我国生鲜农产品社区直销模式的优化探析 [J]. 商业时代，(19)：4 - 6.

杨卫东，等 .2009. 我国生鲜农产品物流保鲜中存在的问题及对策 [J]. 保鲜与加工，10 (5)：1 - 3.

杨文超 .2012. 顾客时间窗变化的物流配送干扰管理模型及其算法 [D]. 大连：大连理工大学 .

姚源果，贺盛瑜 .2019. 基于交通大数据的农产品冷链物流配送路径优化研究 [J]. 管理评论，31 (4)：240 - 253.

姚月强，等 .2012. 基于模糊层次分析法的生鲜农产品冷链物流影响因素分析 [J]. 物流科技，36 (1)：92 - 95.

袁学国，等 .2015. 我国冷链物流业发展态势、问题与对策 [J]. 中国农业科技导报，17 (1)：7 - 14.

赵敏．2011. 蓄冷式冷链物流的宅配模式研究［D］. 烟台：烟台大学．

赵艳艳．2009. 食品冷链物流软时窗配送模式优化研究［J］. 安徽农业科学，（17）：8235－8238.

张凤济，刘俐．2012. 可拓决策法在江苏省食品冷链物流中心选址中的应用研究［J］. 物流工程与管理，（2）：50－52.

张凤平．2014. 冷链物流配送中心选址评价研究［J］. 物流科技，37（3）：17－20.

张建，傅少川．2011. 新鲜度影响需求的生鲜食品配送中心选址研究［J］. 中国管理科学，（10）：473－476.

张文峰，梁凯豪．2017. 生鲜农产品冷链物流网络节点和配送的优化［J］. 系统工程，35（1）：119－123

郑勋，杨家其．2011. 配送中心选址的理论原则与优化方法［J］. 交通科技，（6）：54－56.

周熙登．2015. 基于自组织的农产品物流系统战略协同演化［J］. 中国流通经济，29（6）：45－52.

周熙登，舒辉．2013. 基于自组织的农产品物流系统协同演化［J］. 中国流通经济，27（11）：14－21.

朱辉，张卫刚．2008. 冷链配送路径优化研究［J］. 中国水运，（11）：60－61.

Anderson，C. 2008. The end of theory：The data deluge makes the scientific method obsolete［J］. Wired Magazine，16（7）：1－3.

Awathi，A. et al. 2011. A multi-criteria decision making approach for location planning for urban distribu-tion centers under uncertainty［J］. Mathematical and Computer Modelling，53（1－2）：98－109.

Azi，N. et al. 2007. An exact algorithm for a single-vehicle muting problem with time windows and multiple routes［J］. European Journal of Operation Research，（178）：755－766.

Bughin，J. et al. 2010. Clouds，big data，and smart assets：Ten tech-enabled business trends to watch［J］. Mc Kin-sey Quarterly，（8）：1－14.

Chazan，D. & Samuel，G. 1977. A markovian model for a perishable product inventory［J］. Management Science，23（5）：512－521.

Chen，H. K. et al. 2009. Production scheduling and vehicle routing with time windows for perishable food products［J］. Computers & Operations Research，（36）：2311－2319.

Dabbene，F. et al. 2008. Optimization of fresh-food supply chain in uncertain environments［J］. Biosystems Engineering，（99）：348－359.

David，& Girma，G. 2004. Mapping out the potential for coordinated goods distribution in city centres：The case of uppsala［J］. Interna-tional Journal of Transport Management，

34 (2)：161 - 172.

Gang，Y. & Qi，X. T. 2004. Disruption Management：Framework，Models and Applications [R]. Singapore：World Scientific Publishing Co. Pte. Ltd.

Gantz，J. & Reinsel，D. 2011. Digital Universe Study：Extracting Value from Chaos [R]. IDC：Go-to-Market Services.

Hallie，F. & Christopher，W. 2006. Cold Chain Concerns [J]. Pharmaceutical Technology Eruope，34 (10)：12 - 20.

Hilbert，M. & Lopez，P. 2011. The world ' s technological capacity to store，communicate，and compute information [J]. Science，332 (6025)：60 - 65.

Hsu，C. et al. 2013. Optimal delivery cycles for joint distribution of multi-temperature food [J]. Food Control，34 (1)：106 - 114.

Hsu，C. & Liu，K. 2011. A model for facilities planning for multi-temperature joint distribution system [J]. Food Control，22 (12)：1873 - 1882.

Huang，J. et al. 2015. The Construction of Cold-Chain Logistics Park of Agricultural Products in Sanshui from Two-stage Perspective [J]. Asian Agricultural Research，7 (3)：156 - 162.

Ji，Y. et al. 2013. Location optimization model of regional express distribution center [J]. Procedia-Social and Behavioral Sciences，(96)：1008 - 1013.

Joshia，R. er al. 2011. A Delphi-AHP-Topsis based benchmarking framework for performance improvement of a cold chain [J]. Expert Systems with Applications，38 (8)：10170 - 10182.

Juchia，K. & Muchen，C. 2010. Developing an advanced Multi-Temperature Joint Distribution System for the food cold chain [J]. Food Control，21 (4)：559 - 566.

Klose，A. & Drexl，A. 2005. Facility location models for distribution system design [J]. European Journal of Operational Research，162 (1)：4 - 29.

Kouvelis，P. & Yu，G. 1997. Robust Discrete Optimization and Its Applications [M]. New York：Kluwer Academic Publishers.

Kuo，J. & Chen，M. 2010. Developing an advanced multi-temperature joint distribution system for the food cold chain [J]. Food Control，21 (4)：559 - 566.

Liu，B. et al. 2013. Contemporary Logistics in China [M]. Berlin：Springer.

Mohammed，T. et al. 2010. Study of Cold Chain Logistics Implementation Strategies：Insights from UAE Industry [R]. POMS 21st Annual Conference.

Osvald，A. & Strin，L. Z. 2008. A vehicle routing algorithm for the distribution of fresh vegetables and similar perishable food [J]. Journal of Food Engineering，85 (6)：285 -

295.

Pia, D. A. & Filippi, C. 2006. A variable neighborhood descent algorithm for a real waste collection problem with mobile depots [J]. Int Trans Oper Res, 31 (13): 125 - 141.

Sacn, R. F. et al. 2011. A new benchmarking approach in cold chain [J]. Applied Mathematical Modeling, 36 (1): 212 - 221.

Sun, Y. et al. 2008. Development and characterization of a new amylase type time-temperature indicator [J]. Food Control, 19 (3): 315 - 319.

Tarantilis, C. D. & Kiranoudis, C. T. 2002. Distribution of fresh meat [J]. Journal of Food Engineering, 51 (1): 89 - 91.

Tas, D. et al. 2013. Vehicle touting problem with stochastic travel times including soft time windows and service costs [J]. Computers & Operations Research, 40 (2): 214 - 224.

Teodorovic, D. & Guberinic, S. 1984. Optimal dispatching strategy on an airline network after a schedule perturbation [J]. European Journal of Operational Research, 32 (15): 178 - 182.

Thakur, M. et al. 2011. Managing food traceability information using EPCIS framework [J]. Journal of Food Engineering, 103 (12): 417 - 433.

Vedat, V. & Abdullah, D. 2002. The plant location and flexible technology acquisition problem [J]. European Journal of Operational Research, 136 (2): 366 - 382.

Victoria, S. & Rodolfo, M. N. 2003. A cold chain network for food exports to developing countries [J]. International Journal of Physical Distribution & Logistics Management, 33 (10): 918 - 933.

Visser, J. et al. 2014. Home kelivery and the impacts on urban freight transport: A review [J]. Procedia-Social and Behavioral Sciences, 125 (7): 15 - 27.

Xiao, X. et al. 2016. Applying CS and WSN methods for improving efficiency of frozen and chilled aquatic products monitoring system in cold chain logistics [J]. Food Control, 60 (10): 656 - 666.

Yuanguo Y. & Shenyu H. 2019. Real-time traffic vehicle routing problem for agricultural products [J]. Panyapiwat Journal, 11 (2): 162 - 176.

Yuanguo Y. & Shenyu H. 2019. Optimization of distribution route for cold chain logistics of agricultural products [J]. Journal of Accountancy and Management, 11 (2): 140 - 157.

Zhang, X. & Li, G. 2010. Study on the time-space optimization for cold-chain logistics of fresh agricultural products [R]. Future Information Technology and Management Engineering: 331 - 333.

附录：区域农产品冷链物流及配送调查问卷

1. 您的性别________

□男　□女

2. 您所在单位的性质是________

□物流企业　□农产品生产加工企业　□生鲜零售、餐饮企业　□其他

3. 您所在企业的资产规模（非企业人员不填）

□不了解　________万元

4. 您在部门、公司的职务是________

□管理者　□基层员工　□实习生　□其他

5. 您的最高学历是________

□中专及以下　□大专　□本科　□硕士及以上

6. 对于农产品冷链物流及配送，请对下列说法表示您的看法。

	完全同意	比较同意	说不准	不太同意	完全不同意
（1）先进冷链技术的应用促进了冷链物流的发展	□	□	□	□	□
（2）信息技术的运用在冷链物流及配送中非常重要	□	□	□	□	□
（3）冷链物流共同配送有利于节约配送成本	□	□	□	□	□
（4）冷链物流从生产商和零售商中剥离出来更有利于发展	□	□	□	□	□
（5）超市规模越大的地区冷链物流发展就越好	□	□	□	□	□
（6）当前农产品冷链物流的市场化、专业化程度不高	□	□	□	□	□
（7）道路和城市拥堵问题影响了冷链物流及配送	□	□	□	□	□
（8）互联网和大数据的应用降低了冷链物流的成本	□	□	□	□	□
（9）对目前国家出台的促进冷链物流发展的政策很满意	□	□	□	□	□
（10）农产品保鲜技术的应用降低了冷链物流成本	□	□	□	□	□
（11）应当制定更加完善的冷链物流行业标准	□	□	□	□	□
（12）城市冷链物流配送“最后一公里”制约了冷链物流的发展	□	□	□	□	□

（续）

	完全同意	比较同意	说不准	不太同意	完全不同意
（13）消费者更愿意购买未经冷藏“加工”过的“原生态”的农产品	□	□	□	□	□
（14）地区物流体系的完整性影响冷链物流的发展	□	□	□	□	□
（15）物流管理和技术人才比较紧缺	□	□	□	□	□
（16）物流管理水平对农产品冷链配送影响较大	□	□	□	□	□
（17）应当由政府引导居民多购买经冷链运输的安全农产品	□	□	□	□	□
（18）消费者对农产品新鲜度、营养价值、样式需求的不断提高促进了冷链物流发展	□	□	□	□	□
（19）政府应该建立统一物流信息平台	□	□	□	□	□
（20）冷库不足和布局不合理影响冷链物流及配送	□	□	□	□	□
（21）冷链物流上下游企业信息获取很重要	□	□	□	□	□
（22）政府应该制定农产品冷链流通的强制标准	□	□	□	□	□
（23）冷链物流行业协会组织的指导很重要	□	□	□	□	□
（24）中国冷链物流发展潜力巨大	□	□	□	□	□
（25）冷链农产品供应链上下游企业缺乏统一的协调和整合	□	□	□	□	□
（26）冷链物流相关的法律法规亟待完善	□	□	□	□	□
（27）目前中国冷链物流的设备不够齐全和先进	□	□	□	□	□
（28）政府对冷链物流园区和冷链中心的建设很重视	□	□	□	□	□
（29）经过冷链物流配送的农产品售价太高，竞争力不如常温配送的农产品	□	□	□	□	□
（30）市场竞争对农产品冷链配送影响较大	□	□	□	□	□

7. 您认为在农产品冷链物流配送中，下列哪些措施和因素更为重要

	很重要	重要	一般	不重要	完全不重要
（1）确保产品温度	□	□	□	□	□
（2）确保产品安全（变质、污染等）	□	□	□	□	□
（3）按时送达	□	□	□	□	□
（4）减少配送成本（人工、能耗等）	□	□	□	□	□
（5）减少货损	□	□	□	□	□
（6）迎合客户需求与消费习惯	□	□	□	□	□

8. 贵公司是否有针对商场、超市、饭店等零售商的生鲜农产品配送业务________

□有　□无

回答“无”，请终止此调查，回答“有”，请继续此调查。

9. 公司客户对贵公司的投诉情况

	几乎每天发生	经常发生	有时发生	很少发生	从未有过
(1) 产品温度过高	□	□	□	□	□
(2) 交货延迟	□	□	□	□	□
(3) 数量错误	□	□	□	□	□
(4) 装卸粗暴	□	□	□	□	□
(5) 工作人员态度懈怠	□	□	□	□	□
(6) 其他	□	□	□	□	□

10. 贵公司在生鲜农产品冷链配送过程中遭遇过客户拒收货品吗？________

□有过　□没有

如有，请回答拒收的原因及发生次数多少

	几乎每天发生	经常发生	有时发生	很少发生	从未有过
(1) 产品温度超过标准	□	□	□	□	□
(2) 产品变质	□	□	□	□	□
(3) 产品数量错误	□	□	□	□	□
(4) 超过规定时间	□	□	□	□	□
(5) 工作人员态度不好	□	□	□	□	□
(6) 其他	□	□	□	□	□

11. 就贵公司而言，请对下列说法表示您的看法

	完全同意	比较同意	说不准	不太同意	完全不同意
(1) 产品质量是生命线，公司配送过程中完全保证生鲜农产品都在标准温度之下	□	□	□	□	□
(2) 配送中为了保持冷藏运输车车厢温度，都尽可能地减少卸货时间和次数	□	□	□	□	□

（续）

	完全同意	比较同意	说不准	不太同意	完全不同意
（3）由于零售商接货时验收检测不是很严格，偶尔配送运输车车厢温度也会高过标准温度	□	□	□	□	□
（4）只要农产品还新鲜，配送中公司也没有过分关注冷藏运输车车厢温度	□	□	□	□	□
（5）如果某零售商经常以质量问题拒收，公司在给其配送过程中会特别重视配送产品温度	□	□	□	□	□
（6）配送过程中都按既有流程进行，不会因为某个零售商的特殊要求而改变	□	□	□	□	□